최초의여신인안나

김산해

캐나다 브리티시컬럼비아 대학교에서 신화와 인류학을 공부했다. 30여 년 동안 수메르의 신화·역사·문명 연구에 전념했고, 수메르어·악카드어 같은 고대어를 해독하며 인류의 '최초'를 찾아 나섰다. 지은 책으로 《최초의 신화 길가메쉬 서사시》,《신화는 수메르에서 시작되었다》,《청소년을 위한 길가메쉬 서사시》 등이 있다. 《최초의 신화 길가메쉬 서사시》는 한국에서는 처음으로 수메르어와 악카드어로 쓰인 점토판 원문을 모두 해독하여 소개함으로써, 수메르 신화와 문명을 새롭게 조명하고 한국 독자들의 관심을 불러일으켰다.

이 책에서는 수메르와 함께 인간의 기억에서 잊혔지만, 수메르와 함께 부활한 최초이자 가장 거룩하고 위대한 여신 인안나의 이야기를 펼쳐낸다.

최초의 여신 인안나

김산해 지음

INANNA,
The First Goddess

일러두기

1. 이 책은 2007년 출간한 《수메르, 최초의 사랑을 외치다》의 개정판이다.

2. 초판의 내용 일부를 도판 설명과 각주, 부록으로 재구성했다.

3. 신명과 도시명, 신전명 등의 음역은 '이 책에 나오는 신들', '이 책에 나오는 도시와 신전'에 표기하고, 본문에서는 한글로만 표기했다. 단, 각주와 부록의 '설형문자로 읽는 인안나의 저승 여행기'에서는 설명을 위해 음역이 필요한 경우, 음역을 그대로 노출했다.

4. 고유명사의 표기법은 되도록 수메르어나 악카드어의 음가에 가깝게 표기하려고 했다. '길가메쉬'의 경우를 예를 들면 '길가메쉬'의 영문 표기는 'Gilgamesh'이다. 일반적으로 '길가메시' 혹은 '길가메슈'라고 표기하지만, 실제로 길가메쉬 서사시 판본을 보면 ᵈ'Gilgameš'로 이를 발음하면 '길가메쉬'에 가깝다.

5. 《구약성서》의 내용을 인용하는 경우에는 대한성서공회의 《공동번역성서》 내용을 그대로 사용했다. 그러나 히브리의 신은 '야훼'로 통일했다.

인간이 가장 오랫동안 들어온 러브스토리가 있다.

인간이 가장 오랫동안 즐겨온 축제가 있다.

인간이 가장 오랫동안 섬겨온 한 여신(女神)과 한 남신(男神)이 있다.

둘은 사랑했고,

둘은 죽었고,

둘은 부활했다.

인간의 신화와 문명과 역사의 원형은 제거되었다. 거의 2,000년 동안 인간은 참으로 무지했다. 그리고 그만큼의 비싼 대가를 치렀다. 끝없이 싸웠고, 끝없이 죽였고, 끝없이 짓밟았다. 그래서 끝없이 두려웠다. 유럽 문명과 유일신의 어두운 그늘 아래서, 영혼은 자유를 잃어 피폐해졌고, 온정신과 제정신은 몽땅 사라졌다. 인류 역사상 결코 없었던 불행이 로마 제국으로부터 시작되었다.

원형은 기적적으로 다시 살아났다.

아시아 서남(西南)의 수메르였다.

최초의 문자가 해독되었고, 최초의 신통기(神統記)가 알려졌고, 최초의 국가가 드러났으며, 최초의 문명이 재생했고, 최초의 역사가 밝혀졌다. 최초의 삶과 숨결이 한꺼번에 고스란히 고개를 들고 환한 미소를 지었다. 그리스와 히브리에 의지하던 식자들은 심히 흔들렸다. 대혼란이었다. 그러나 이제 갈등은 해소되었고, 신기(神氣)는 날개를 달았으며, 진실은 거짓을 물리쳤다.

거룩한 여신이 있었다. 한때 그 여신은 인간의 의식 속에서 지워져 있었다. 하지만 천만다행으로 인간은 신화의 최상위 단계를 되찾았고, 신화의 출발점을 발견해냈다. 그리고 그곳에 위대한 여신이 있었다.

하늘과 땅의 여왕, 전쟁, 풍요, 다산, 완전하고 다양한 여성성, 여성적인 삶의 원리, 여성들의 수호천사, 품위 있고 당당한 부인, 수많은 도시와 왕들의 수호신, 금성(金星) 등으로 상징화된 여신들의 본바탕에 자리를 잡고 있던 진정한 여신이 있었다.

인안나였다.

인간은 여신의 세계를 부정해왔고, 여신의 존재감을 무시해왔다. 슬픈 일이었다. 더불어 여성은 가혹하게 취급당했고, 비참하게 천대받았다. 잔인한 세월이었다. 신화는 퇴보 일로에 있었다. 그렇지만 남신들보다 더 신령스러웠고, 남신들보다 더 용감했으며, 남신들보다 더 강력했던 인안나가 완벽하게 복원되었다.

인안나를 다시 품에 안으면서, 신화는 역행을 멈추고 진화의 길로 접어들었다.

인안나는 신성한 권능을 갖고 있었고, 삼라만상의 총체적인 질서를 잡고 있었으며, 지혜의 정수를 누리고 있었다. 인간의 창조주이자 구세주인 엔키에게서 넘겨받은 권위와 권능이었고, '신물(神物)'이었다. 그랬음에도 여신은 하늘과 땅의 모든 기득권을 포기하고 저승으로 내려갔다. 더 큰 운명결정권을 손에 쥐기 위해 현실의 권세와 욕망을 버리고 저승으로 내려갔다. 여신은 저승에서 죽었고, 죽은 지 사흘 만에 부활했다. 그리고 가장 위대한 신이 되었다.

엔키의 진실한 아들이 있었다. 사랑스런 젊은이가 있었다. 목자(牧者) 두무지였다. 그는 인안나의 남편이었지만 저승에서 살아 돌아온 그녀 대신 저승으로 잡혀가야만 했다. 그리고 매년 죽었고, 매년 부활했다.

먼 옛날, 그러니까 약 6,000년 전부터 메소포타미아 남부의 수메르 도시에서는 '신성한 결합'을 기리는 혼례의식이 있었다. 이것은 차츰 '아키티'라는 신년 축제로 자리를 잡아 국가적인 행사로 거행되었다. 도시의 수호신을 모시는 신전 옆에는 '우니르'가 세워져 있었다. 성탑(聖塔)이었고, 지구라트였다. 축제가 열렸고, 수메르의 여사제와 왕은 지구라트 꼭대기에 신방을 차렸다. 여사제는 동정녀로 인안나의 대역이었고, 왕은 두무지의 대역이었다.

두 신은 서로를 갈망했다. 그래서 사랑했고, 결혼했다. 매년 열린 아키티 축제에서 둘은 죽음에서 부활하여 신랑과 신부로 다시 만났다. 혼례식이 성대하게 치러지면, 사람들은 두 신의 운명에 따라 함께 웃고 함께 울었다. 축제는 성스러운 제의가 되었고, 수메르의 온 땅은 신들의 축복과 은혜로 충만했다. 그렇게 새해가 시작되었고, 삶은 이어졌다.

약 4,000여 년 전, 수메르는 지상에서 자취를 감추었다. 그러나 신년 축제는 그 후로도 1,500년 동안이나 계속되었다. 수메르의 계승자는 셈족이었다. 그들은 '인안나'와 '두무지'를 '이쉬타르'와 '탐무즈'라는 셈어 신명(神名)으로 바꾸고, 더 나아가 자신들의 수호신으로 만들어 제전에 올렸다. 그때의 축제 이름은 수메르어 '아키티'가 아니라 셈어 '아키투'였다.

2,500년 전 무렵, 이란 남부에서 발흥한 페르시아의 키루스 2세가 바빌론에 무혈로 입성하자, 신바빌로니아 제국은 멸망했다. 그리고 3,500년 동안 행해졌던 신년 축제는 멈추었다. 그러나 잠시 뿐이었다.

수메르 만신전(萬神殿)은 이미 널리 퍼져 있었다. 메소포타미아 전역, 이집트와 그리스를 포함한 지중해 주변의 문명권, 페르시아만과 아라비아해를 건너 저 멀리 인더스강 유역까지 달려가 있었다. 수메르와 수메르의 후임자 악카드, 그들의 후임자였던 고(古)바빌로니아와 고(古)앗시리아, 그리고 다시 최후대의 바빌로니아와 앗시리아 제국에 의해서였다.

실상, 축제는 멈추지 않았다. 성스러운 제의는 계속되었다. 인안나와 두무지의 신성(神性)은 합쳐졌다. 거기에다 지혜의 신왕 엔키와 태양의 신 우투의 신성까지 더해져서 연방으로 혼용되었다. 신들은 죽었다가 사흘 만에 부활하여, 이집트의 오시리스가 되었고, 페르시아의 미트라가 되었고, 그리스의 디오니소스가 되었고, 소아시아의 아티스가 되었고, 시리아의 아도니스가 되었고, 로마의 바쿠스가 되었다.

그리고 약 1,700년 전, 태양신 미트라를 섬기고 있던 로마 제국의 황제 콘스탄티누스가 유대인 예수를 새로운 태양신으로 옹립하여 그리스도교의 실질적인 창시자가 되었다. 곧이어 로마교회는 수메르의 신년 축제와 제의로부터 시작된 고대 태양신들의 탄생을 축하하는 제전을 그리스도교의 크리스마스와 부활절로 바꾸어놓았다.

그로부터 만신전은 존재하지 않았다. 세상은 한 남신의 천국으로 변했고, 유일신의 지배지가 되고 말았다. 여신들은 힘을 잃고 명맥을 유지하기도 힘겨웠다. 그들의 위상은 땅에 떨어졌고, 여성의 삶은 빛을 잃었으며, 똑똑한 여성은 마녀로 몰려 화형당했다.

수메르의 인안나를 기억하는 사람은 없었다. 인안나는 그리스의 아프로디테였고, 아테나였고, 헤라였다. 로마의 베누스였고, 미네르바였고, 주노였다. 이탈리아 북부 에트루리아의 우니와 투란이었다. 그녀는 이집트의 이시스와 하토르였으며, 셈족의 이르닌니, 아스타르투, 이샤라, 아나트였다. 가나안의 아스타르테였고, 히브리의 아스다롯이었고, 우가리트의 아티라트였다. 또한 아라비아의 알라트, 아타르사마인, 후르리의 샤우슈카였다. 그리고 악카드의 이쉬타르였다. 그랬지만 인안나는 인간의 무의식 속에서조차 깨끗이 지워진 듯 보였다.

인류 문명의 모체 수메르가 케케묵은 먼지로 뒤덮여 있던 베일을 벗어던졌다. 최초의 수메르 신들이 긴 잠에서 깨어나 기지개를 활짝 켰다. 안·엔키·엔릴·난나·우투 같은 남신들과 함께 시원(始原)의 여신 남마도 되살아났고, 창조의 모신(母神) 닌후르쌍도 되살아났으며, 땅의 여신 키도 되살아났고, 저승의 여왕 에레쉬키갈도 되살아났고, 인안나도 되살아났다. 그랬다. 이 세상에 존재해 왔던 수많은 신의 조상신들이 모조리 되살아났다. 3,600이나 되는 신들은 다시금 만신전의 문을 열어젖히고 신명(神命)을 내렸다. 그리고 유일무이했던 한 남신은 물러갔다. 그가 존재하기 이전에, 또한 '그의 아버지 야훼'가 존재하기 이전에 존재했던, 그들보다 '까마득한 옛날에' 분명하게 존재했던 거룩한 신들이 지금 우리 곁에 서 있다. 최초의 신들과 작금의 인간이 만나는 환희의 순간인 것이다. 고로, 원형을 제거하려는 노력은 실패했다.

한 남신만이 존재하는 적막한 유일신전은 더는 있을 수 없다. 아울러 그 신에 대한 두려움도, 성전(聖戰)도, 인간의 아름답고 자유로운 영혼에 대한 압박도, 마녀사냥도, 여신에 대한 경멸이나 무시도, 여성에 대한 추접스러운 차별도 정말이지 더는 있을 수 없다. 결단코 그런 야만은 더는 있을 수 없다.

암흑기는 지나갔다. 인안나와 두무지의 사랑이 재현되었다. 둘로부터 시작된 최초의 축제와 성스러운 제의는 '고귀한 주님의 땅' 수메르와 함께 온전히 부활했다.

그리고 여기, 최초의 사랑이 있다!

———

이 책은 본디 필자가 1997년부터 쓰기 시작한 수메르 신화 시리즈 두 번째 권 원고에 포함되어 있었다. 그리고 이런 우여곡절이 있었다.

2003년 6월에 출간한 1권(《신화는 수메르에서 시작되었다》)에 이어, 그해 10월, 6년간에 걸친 작업을 마치고 탈고한 2권 원고는 프랑스의 수메르 연구가 장 보테로가 언급한 적이 있는 '사랑은 수메르에서 시작되었다'라는 표현을 제목으로 달고 있었다.

총 3부로 구성된 그 원고는 200자 원고지 약 7,000매 정도의 상당한 분량이었는데, 1부가 바로 이 책이고, 2부는 지금의 《최초의 신화 길가메쉬 서사시》이며, 3부는 '위대한 신 엔키의 초상(肖像)'이었다. 그러나 원고에도 운명이 있는지 3부의 원고는 출판사로 갈 수 없었다.

나는 뒤늦게야 한국에서는 수메르의 인지도가 매우 낮다는 사실을 깨달았다. 현실에 한참이나 어두웠던 것이다. 그래서 사람들이 인안나는 거의 모르지만 길가메쉬는 꽤 많이 알고 있다는 점을 감안해서 《최초의 신화 길가메쉬 서사시》를 먼저 펴내기로 마음먹었다.

원고는 동강 났고, 동강 난 그 원고의 1부보다 2부를 먼저 출간하는 사고를 치고 말았다. 애초에 한 권으로 출간하려던 원고였기에 각 부의 내용은 매우 치밀하게 얽혀 있었다. 그래서 《최초의 신화 길가메쉬 서사시》를 따로 떼어내는 일은 참으로 고통스러웠다. 이 책이 1부였기 때문에, 2부에 묻어 있는 1부의 흔적을 말끔하게 털어내야 했던 것이다. 그 일만도 여러 달이 걸렸다.

인안나 때문에 나는 아팠다. 그녀를 포기할 순 없었다. 두무지도 그랬다. 《최초의 신화 길가메쉬 서사시》의 출간 이후, 나는 방황했다.

인안나와 두무지의 죽음과 부활에 집중하기 위해서, 아쉽지만 〈인안나와 에비흐〉, 〈인안나와 슈칼레투다〉, 〈인안나와 비루루〉, 〈인안나와 안〉, 〈에레쉬키갈과 네르갈의 사랑〉, 그리고 〈인안나 찬미가〉 등 여럿을 다 떼어내니 원고 분량의 약 4분의 1 정도가 줄어들었다. 그리고 이 책의 스토리 전개를 위해 크게는 〈인안나의 저승 여행〉, 〈인안나와 엔키〉, 〈엔릴과 닌릴〉, 〈두무지의 꿈〉, 작게는 〈두무지와 엔킴두〉를 비롯해서 인안나와 두무지의 사랑과 결혼에 관한 여러 단편의 점토판 문서들, 그리고 엔키와 엔릴에 연관된 수많은 점토판 문서를 다시 집어들었다. 거기에다 《최초의 신화 길가메쉬 서사시》의 내용 일부를 포함했다.

단어 하나하나를 써 내려가기가 정말로 힘겨웠다. 수메르어보다 한국어가 더 어려워서였다. 수메르 문학 작품의 특징 가운데 하나인 내용 중복을 피하기 위해 적절하게 수위를 조절하려고 애썼지만 쉽지 않았다.

이 책의 기초적인 뼈대와 영감을 만들어낸 사람들은 벤트 알스터, 새뮤얼 노아 크레이머 같은 수메르 학자들이었다. 그리고 그들은 프랑수아 튀로-당쟁이나 아르노 포벨 등의 위대한 연구를 이어받은 거였다.

나는 그들의 위업 앞에 몸을 굽혀 그들이 해독해낸 점토서판의 내용을 일일이 확인해보았고, 수메르 설형문자의 좁은 행간으로 다시 비집고 들어가 해석하고 점검하고 써보았다. 그들은 이미 이승의 사람들이 아니었으나 내겐 여전히 생생하게 살아 존재하는 스승들이었다.

그들 사후에 점토판 해석은 더욱 심화되었고, 내용 역시 한층 분명해졌다. 나는 그들의 책을 무척 오랫동안 읽어왔기 때문에, 단순하게 번역서에 욕심을 부렸다면 아주 쉽게 많은 책을 낼 수 있었을 것이다. 문제는 다양한 주제를 담고 있는 여러 점토서판의 내용을 어떻게 하면 인안나와 두무지에게 집중시켜 큰 물줄기로 만들어 신화의 바다로 나아갈 수 있게 하느냐는 거였다. 학자들에 의해 자라난 뼈대를 섬세하게 맞추는 일과 그들의 영감을 통합하는 과정이 필요했다.

나는 무릎을 쳤고, 그것이야말로 내가 할 수 있는 일이라고 생각했다. 뼈대와 뼈대를 연결해 좀 더 큰 골격을 세우고, 영감과 영감을 묶어서 그 골격에 살을 입혀, 인안나와 두무지를 제대로 한번 일으키고 싶었다. 해서 나는 점토서판을 소개할 순서를 정하고, 설형문자를 분석한 다음 최종적으로 내용을 요약하여 여러 번 엮어보았으며, 결론에 도달할 때까지 계속 스스로에게 묻고 답하는 일을 반복했다. 그리고 수정본이 만들어질 때마다 직접 녹음을 해서 듣고 또 들으면서 군더더기를 과감하게 제거했다. 그런 일이 일곱 차례 있었다. 그렇게 원고를 완성했다.

이 책은 이래저래 10년 만에 출간되었다. 부끄럽다.

책의 출간을 허락해준 휴머니스트의 김학원 사장님과 이 책의 진정한 후원자인 선완규 선생에게 진심으로 감사드린다. 그리고 실수투성이의 원고를 수차례에 걸쳐 섬세하게 교정해준 임미영 선생을 비롯한 편집실의 모든 분께 고개를 숙인다.

2007년 12월 25일에

智異山人 山海

차례

INANNA,
THE FIRST GODDESS

이 책에 나오는 신들(중요도순)

* 여기서는 신명 앞에 붙는 'dingir(신)'의 위첨자 'd'는 생략한다.

인안나(Inanna)/이쉬타르(Ištar)/닌에갈라(Ninegalla) 하늘의 여왕이자 전쟁과 사랑의 여신. 두무지의 아내

두무지(Dumuzi)/탐무즈(Tammuz)/아마우슘갈안나(Amaušumgalanna) 양치기. 인안나의 남편

엔키(Enki)/에아(Ea) 인간의 창조주이자 구세주, 지혜·생명·물의 신. 두무지의 아버지이며 인안나의 외할아버지이자 시아버지

엔릴(Enlil)/엘릴(Ellil) 수메르 신들의 제왕이자 대기와 바람의 신. 인안나의 할아버지

난나(Nanna)/쑤엔(Suen)/씬(Sin) 달의 신. 엔릴과 닌릴의 아들이며 인안나의 아버지

우투(Utu)/샤마쉬(Shamash) 태양의 신. 인안나의 오빠

에레쉬키갈(Ereškigal)/에레쉬키갈라(Ereshkigala) 저승의 여왕. 인안나의 언니

게쉬틴안나(Geštinanna) 포도주의 여신. 두무지의 누나

안(An)/아누(Anu) 천제(天帝). 수메르 신들의 아버지

닌후르쌍(Ninḫursaĝ)/닌투(Nintu)/닌마흐(Ninmah) 창조의 여신이자 수
  메르의 모신

닌릴(Ninlil)/쑤드(Sud) 바람의 여주. 엔릴의 부인

닌갈(Ningal) 난나의 부인, 인안나의 어머니

닌슈부르(Ninšubur) 인안나의 시종신이며 자웅동체의 신

이시무드(Isimud) 엔키의 시종신이며 두 얼굴의 신

누스카(Nuska)/누스쿠(Nusku) 엔릴의 시종신

엔킴두(Enkimdu) 인안나를 사이에 두고 두무지와 다툰 농부

두투르(Duttur) 두무지와 게쉬틴안나의 어머니. 양의 여신

닌기쿠가(Ningikuga) 인안나의 외할머니. 갈대밭과 습지의 여신

눈바르쉐구누(Nubarshegunu) 닌릴의 어머니. 보리의 여신

구갈안나(Gugalanna) 하늘의 큰 황소. 에레쉬키갈의 첫 번째 남편

네르갈(Nergal) 전쟁의 신이자 저승의 신. 엔릴과 닌릴의 아들이며 에
  레쉬키갈의 두 번째 남편

닌아주(Ninazu) 측량의 신. 엔릴과 닌릴의 아들

엔비루루(Enbilulu) 강과 운하의 신, 관개와 농사의 신. 엔릴과 닌릴의
아들

샤라(Šara) 인안나의 아들

루랄(Lulal) 인안나의 아들

게쉬틴두두(Geštindudu) 게쉬틴안나의 친구

네티(Neti) 저승의 수문장

갈라(Galla) 저승사자

갈라투르라(Galatura), 쿠르가르라(Kurğara) 엔키가 인안나를 살리기 위
해 만든 작은 신들

남마(Namma)/남무(Nammu) 태초의 여신, 바다의 여신. 엔키의 어머니

키(Ki)/안툼(Antum)/안투(Antu) 땅의 여신, 수메르 신들의 어머니이
자 엔릴의 어머니

아눈나키(Anunnaki)/아눈나(Anunna) 천제 안의 자식들, 곧 수메르 신
들을 일컫는 말

이 책에 나오는 신들의 가계도

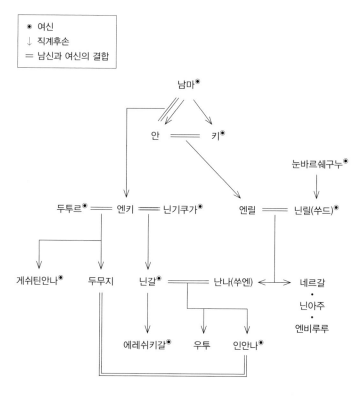

기군나(Giguna) 자발람의 수호신 인안나의 신전

기르수(Ĝirsu) 라가쉬의 성도

니긴가르쿡(Niĝinĝarkug) 슈루파크의 인안나 신전

니푸르(Nippur) 수메르의 성도

라가쉬(Lagaš) 수메르 최대 영토를 차지했던 도시국가

라르싸(Larsa) 수메르 남부의 도시

멜루하(Meluḫḫa) 고대 인도의 북서부 인더스강 유역의 하라파 문화권

바드티비라(Badtibira) 수메르 남부의 도시

슈루파크(Šruppak） 닌릴을 수호신으로 하는 수메르 중부의 도시

씨파르(Sippar)/짐비르(Zimbir) 우투를 수호신으로 하는 수메르 북부
    의 도시

아가데(Agade) 악카드 왕조의 수도

아답(Adab) 닌후르쌍을 수호신으로 하는 수메르 중부의 도시

아마쉬에쿡(Amašekug) 키시가의 인안나 신전

아크샤크(Akšak) 수메르 북부의 도시

안자가르(Anzagar) 아크샤크의 인안나 신전

압주(Abzu) 생명의 기원인 신화 속 원시의 물(지하수, 담수)이 흐르는 곳, 에리두의 엔키의 신전 지역

에딜문나(Edilmunna) 우르의 인안나 신전

에리두(Eridu) 수메르 남부에 위치한 수메르 최초의 도시

에무쉬(Emuš) 바드티비라의 수호신 루갈에무쉬(Lugalemuš, 두무지의 다른 이름)의 신전

에무쉬칼람마(Emuškalamma) 바드티비라의 인안나 신전

에바라두르가라(Ebaradurgarra) 니푸르의 인안나 신전

에밥바르(Ebabbar) 라르싸와 씨파르의 우투 신전

에샤르(Ešar) 아답의 인안나 신전

에샥훌라(Ešahula) 카잘루의 인안나 신전

에쉠메쉐둑(Ešegmešedu) 이씬의 인안나 신전

에안나(Eanna) 우루크의 수호신 인안나의 신전

에압주(Eabzu) 에리두의 수호신 엔키의 신전

에에쉬담쿡(Eešdamkug) 기르수의 인안나 신전

에울마쉬(Eulmash) 아가데의 수호신 인안나의 신전

에쿠르(Ekur) 니푸르의 수호신 엔릴의 신전

에키쉬누갈(Ekišnugal) 우르의 수호신 난나의 신전

에후르쌍칼람마(Ehursagkalamma) 키쉬의 인안나 사원

우루크(Uruk) 수메르 남부의 도시

우르(Ur) 수메르 남부의 도시

움마(Umma) 샤라를 수호신으로 하는 도시국가

이브갈(Ibgal) 움마의 인안나 신전

이씬(Isin) 치유의 여신 굴라(Gula)를 수호신으로 하는 도시

자발람(Zabalam)/자발라(Zabala) 움마의 위성도시

카잘루(Kazallu) 누무쉬다(Numušda)를 수호신으로 하는 고대도시

쿨라바(Kulaba) 천제 안을 모시던 우루크의 도시

키쉬(Kiš) 닌후르쌍을 수호신으로 하는 수메르 북부의 도시

키시가(Kisiga) 네르갈을 수호신으로 하는 도시

인안나, 저승으로 귀를 기울이다

"인안나는 위대한 하늘에서
큰 땅으로 귀를 기울였다"

언제부터였는지는 모른다. 우주의 처음은 바다였다. 어디에서부터 생겨났는지도 모른다. 끝없는 바다만 있었다. 바다였다. 그랬다. 바다만 있었다. 원시(原始)의 바다는 여신 '남마'였다. 그때는 아무것도 만들어지지 않았다. 태초였다. 유일자는 우주의 어머니였다. 그의 몸에서 하늘과 땅이 나왔다. 천제 '안'[1]이 하늘을 밝혔다. 그때는 땅이 어두워져 있었다. 하물며 저승은 신의 눈 밖에 있었다. 계곡에 흐르는 물도 없었고, 드넓은 땅에 밭골도 없었다. 아무것도 생기지 않았다. 하늘과 땅은 아직 서로 오가지 않았다.

천지가 갈라졌고, 신들이 태어났다. 천신(天神)은 '안'이었고, 지신(地神)은 '키'였다. 안과 키가 엔릴을 만들었다. 대기의 신이고, 바람의 신이었다. 안과 남마가 엔키를 만들었다. 무진장한 지혜의 신왕이었다. 안의 자식들이 태어났다. 위대한 50의 아눈나키였다. 그리고 운명을 결정하는 일곱의 큰 신이 있었다.[2]

천제의 서자 엔키가 신들을 몰고 지상으로 내려왔다. 그는 땅을 개척해냈다. 땅의 신 엔키는 늪지 위에 최초의 신시(神市) 에리두를 세웠다. 이곳에서 신들의 문명이 시작되었다. 엔릴이 강림했다.

1) '안(an)'은 인류가 처음으로 '하늘'을 일컬어 부르던 말이었다. 이런 하늘에다 신격을 갖추면 '천제(天帝)', 곧 '하느님'이 되는데, 영어의 '갓(God)'이나 아랍어의 '알라(Alla-h)'에 상응하는 수메르어가 '안'이다. 하늘의 '안'과 천제의 '안'은 문자와 소리는 같지만, 다른 뜻을 가진 것이다.

그리고 신들의 영역이 정해졌다. 안은 하늘로 올라갔다. 엔릴은 땅을 차지했고, 엔키는 바다를 다스렸으며, 에레쉬키갈은 저승을 수중에 넣었다. 이제부터 만신전의 새로운 권력자는 엔릴이었다. 천지가 열린 그때는 오로지 신들만 살고 있었다.

신들은 검은 머리를 창조했다. 안, 엔릴, 엔키, 닌후르쌍이 그랬다. 엔키가 생령의 씨앗을 정화했고, 닌후르쌍은 그것으로 감태같은 사람을 빚어냈다. 땅속에서 작은 생명체들이 늘어났다. 야생동물들은 에덴 들판에서 흥겹게 뛰놀았다. 그때는 뱀도 없었고, 전갈도 없었다. 하이에나도 없었고, 사자도 없었다. 개나 늑대도 없었다. 따라서 두려움도 공포도 없었다. 인간에게 적(敵)이 되는 인간은 없었다.

천상천하는 3,600이나 되는 신으로 북적대고 있었다.

1 옛날 옛적에 '하늘의 여왕'이라는 신이 있었다. 수많은 신전을 차지한 신이 있었다. 매력적인 남신과 남성 들을 마음껏 유혹한 신이 있었다. 사랑의 신이고, 전쟁의 신이고, 풍요와 다산의 신이

---

2) 신들의 아버지 안의 적통자인 엔릴계가 큰 신들의 주류를 이룬다. 안의 서자인 엔키 계에서는 엔키 혼자만 큰 신 반열에 올라 있다. 일곱 큰 신은 안, 엔릴, 엔키, 난나, 우투, 이쉬쿠르(Iškur, 다른 이름으로 아다드Haddad), 인안나의 순이다. 이쉬쿠르가 있던 자리에는 원래 창조의 여신이자 엔릴과 엔키의 누이인 닌후르쌍이 올라 있었으나, 세력이 약화되어 엔릴의 아들 이쉬쿠르에게 그 지위가 돌아갔다.

1

왼편은 점토 주조물로 수메르에서는 '인안나'라고 했고 악카드와 셈족 국가들에서는 '이
쉬타르'라고 했던 고대세계에서 가장 위대했던 여신을 표현했다. 오른편의 또 다른 인안
나의 모습은 화려하게 치장한 여신의 아름다움이 그대로 나타나 있다.

인안나의 신명과 신화는 악카드제국의 흥망성쇠에 따라 새로운 것으로 바뀌고, 또 바뀌었
다. 나중에는 그리스의 '아프로디테·아테나·헤라'와 로마의 '베누스·미네르바·주노' 등 여
러 복수의 신으로 나뉘어 변형되었다. 그런 인안나를 '사랑의 여신'이라는 점에만 초점을
맞추어 아프로디테나 베누스에 대입시켜서는 곤란하다. 하늘과 땅의 여왕, 전쟁, 풍요, 다
산, 결혼, 금성 등으로 상징화된 모든 여신의 본바탕에는 인안나가 자리를 잡고 있었다. 게
다가 죽음과 부활에까지도.

며, 금성의 신이었다. 천제 안의 증손녀이며, 신들의 제왕 엔릴의 손녀이며, 달의 신 난나의 딸이며, 태양의 신 우투의 여동생이며, 저승의 여왕 에레쉬키갈의 자매였다. 하늘과 땅에서 가장 강력한 힘과 가장 완벽한 아름다움과 가장 사나운 전투력을 지닌 여신이었다.[3]

데걱, 명토를 박자면, 인안나였다!

인안나는 꿈을 꾸고 있었다. 아무도 도전하지 않은 일이고, 불가능한 일이며, 전례가 없던 일이었다. 언제부터 꿈은 이루어진다고 했던가. 누가 그런 몹쓸 말을 했단 말인가. 여신은 이루어질 수 없는 꿈을 꾸고 있었다. 이루어질 수 없는 꿈을 꾸면서 이루어질 수 있다는 착각을 하고 있었다. 하기야, 그녀는 그럴 만도 했다.

세상천지의 기운을 몽땅 손아귀에 넣고도 성이 차지 않았다. 그것이 인안나였다. 권세와 부귀를 모조리 누려도 만족스럽지 못했

---

3) 인안나는 아주 먼 옛날, 그러니까 길가메쉬의 아버지 루갈반다의 선대왕이자 영웅이 었던 엔메르카르 시절에도 우루크의 수호신이었고, 동시에 우루크에서 일곱 산맥을 넘어야 다다를 수 있는 페르시아 쪽의 도시 아랏타의 수호신이었다. 여신은 우루크의 왕이나 아랏타의 왕을 임명할 정도로 강력한 하늘의 여왕이었으며, 전쟁의 신이었다. 점토판 〈엔메르카르와 아랏타의 주〉를 보면 우루크의 왕 엔메르카르가 광물과 돌이 풍부한 엘람 땅의 도시 아랏타를 탐내 그곳의 왕과 백성을 협박한다. 흥미로운 점은 양국의 통치자가 똑같이 인안나가 자신의 수호신이라고 주장한다는 점이다. 말인즉, 인안나의 신임을 얻으면 강력한 군주가 된다는 뜻이기도 하다.

다. 그것이 인안나의 심보였다. 사랑을 차지하고 야망을 이루기 위해 남신과 남성 들을 한껏 농락했어도 멈추지 않았다. 그것이 인안나의 삶이었다. 수메르의 운명을 제 마음대로 좌지우지했다. 그래도 속이 근질거렸고, 그래도 오금이 쑤셨으며, 그래도 안달이 났다. 그것이 인안나의 기질이었다.

사랑과 질투로 몸부림치고, 전쟁과 복수로 핏발이 서고, 하늘과 땅의 신령스런 기운으로 기세등등한 여신이었다. 저승까지 차지한다면, 천지사방의 지혜와 더불어 하계의 지혜까지 한데 모을 수만 있다면, 정말로 그럴 수만 있다면, 그렇게만 된다면 누릴지도 모를 최고신(最高神)의 영광, 이것이 여신의 속내였을지도 모른다. 그러나 저승은 그녀에게 불모지나 다름없었다.

위대한 하늘[4]에서 큰 땅[5]으로 귀[6]를 기울였다.

---

[4] '위대한 하늘'은 '안갈(an gal)'이라는 소리가 난다. '안'은 하늘도 되고 하느님도 되지만, 여기서 인안나는 '위대한 하느님'이 아니라 '위대한 하늘'에서 눈을 돌렸다고 해야할 것이다. 물론 설형문자의 생김새만으로는 여신이 외면한 대상이 '하늘'인지 아니면 그녀의 증조부인 천제 '안'인지 구별할 수는 없다. 그렇지만 자신의 백옥 같은 조상님을 그런 식으로 대할 자손은 없는 법. 그녀 입장에서는 감히 천제이신 '안'을 외면해서도 안 될 뿐만 아니라 그분이 그럴만한 대상도 아니며, 그렇게 한다고 그래지는 존재도 결코 아니다.
'위대한' 또는 '큰'에 해당하는 단어는 '갈(gal)'이다. 이는 수메르 초기 시절부터 신이나 신전, 통치자, 영웅, 어떤 특수한 곳 등을 수식하기 위해 많이 쓴 표현들 가운데 하나다. 예컨대 인안나의 조부 엔릴을 '쿠르갈(kur gal)'이라고도 하는데, '큰 산'이라는 뜻이다. 어쨌든 간에 인안나가 '위대한 하늘'에서 마음을 돌려 귀를 기울인 곳은 '큰

그녀는 위대한 하늘에서 큰 땅으로 귀를 기울였다.

인안나는 위대한 하늘에서 큰 땅으로 귀를 기울였다.

여왕은 하늘을 버리고, 땅을 버리고, 저승으로 내려갔다.

인안나는 하늘을 버리고, 땅을 버리고, 저승으로 내려갔다.

땅'이었는데, 여기의 '큰'도 '갈'이다. '큰'을 '위대한'이라고 바꾸어 말해도 별 차이는 없다. 단지 한국어로 옮겨 적으면서 중복을 피하기 위해 그렇게 해둔 것이다.

5) '하늘'이 '안'이라면 '땅'은 '키(ki)'라고 한다. 그래서 '큰 땅'은 '키갈(ki gal)'이라고 할 수 있다. '키'는 점토판에서 '안'에 비해 열 배나 더 많이 발견되는데, 신화란 것이 비록 신들이 주인공이라고는 하나 인간의 손으로 기록된 것 아닌가? 당시 필경사들의 입장에서도 하늘보다는 인간이 목숨 붙이고 사는 땅에 더 관심이 쏠렸을 것이다. '안'은 천제이고 '키'는 대지의 모신이니 하늘은 아버지, 땅은 어머니라는 말도 이와 관련 있는 것이다.

그런데 '키'는 '땅'뿐만 아니라 '지하세계'라는 의미로도 쓰인다. '지하세계'는 곧 '저승'이다. 사실 수메르 필경사들은 오랫동안 '저승'이라는 의미로 십중팔구는 '쿠르(kur)'라는 설형문자를 썼다. 그러니 〈인안나의 저승 여행기〉를 쓴 필경사는 여신이 가려는 곳이 땅은 땅이로되 '큰 땅'이라는 문구를 선택할 때까지 상당한 고민을 했을 것이다. 그녀의 '이루어질 수 없는 꿈을 향한 여행'에 대한 특수성을 부각하고 싶어서 말이다.

6) '귀'를 뜻하는 수메르어 '게쉬툭(ĝeštug₂)'은 지혜, 통찰력을 의미하기도 한다. 귀는 바깥 소리를 안으로 받아들이는 연결 통로다. 거기에서 생(生)의 지혜가 시작되는 것이다. 귀를 기울인다는 것은 지혜를 얻는다는 것, 그것도 저승의 지혜까지 얻는다는 것, 그러면 더 거룩해지고 더 신령스러워진다는 것, 그렇게 되면 인간들이 자신을 더욱 간절히 받들 것이며 자신을 더욱 깊게 사랑할 수밖에 없으리라는 것, 더더욱 그렇게만 된다면, 천상천하 사방팔방으로 가장 크게 이름을 떨칠 신은 오직 자신뿐이라는 것! 인안나가 저승으로 귀를 기울인 것은 저승의 지혜를 얻어 신 중에서 '가장 완벽한 신'이 되려는 몸부림인 것이다.

2

수메르의 성도(聖都)이며 엔릴의 도시였던 니푸르에서 발굴된 인안나의 저승 여행이 기록된 점토판들이다. 미국 필라델피아의 펜실베이니아대학박물관에 소장되어 있다.

'하늘의 여왕' 인안나는 '저승의 여왕' 에레쉬키갈[7]의 '큰 땅'으로 귀를 기울여, 서서히 발걸음을 옮기고 있었다. 저승을 향한 고단한 여정이 시작되고 있었다.

2

---

7) 에레쉬키갈의 '키갈'은 앞에서 설명한 것처럼 '저승'이며, 앞에 붙은 '에레쉬(ereš)'는 '여왕·여제·숙녀·귀부인' 등을 뜻한다. 하니, 에레쉬키갈은 자연스레 '저승의 여왕'이 된다. 특이한 건 '에레쉬'가 신명으로 사용된 예가 없다는 사실이다. '키갈'보다 훨씬 더 찾기 힘든 단어다. 다른 '잘나가는' 단어들은 보통 수백, 수천에서 수만 번까지 토판에 기록되어 있는데, '에레쉬'는 '숙녀, 귀부인'이라는 뜻으로 인안나를 찬미하는 토판에서 딱 두 번 보았을 뿐이다. 그만큼 수메르인에게 저승은 에레쉬키갈의 신명만큼이나 유별난 곳이었을 거다.

인안나, 행장을 꾸리다

"여신은 이승에서 갖고 있던
기득권을 전부 버렸고, 모두 포기했다"

──────────────── 어차피 나선 길이었다. 인안나가 아니
라면 아무도 떠날 수 없는 길이었다. 이루어질 수 없는 꿈을 이루
기 위해 들어선 위험천만한 행로였다. 돌아올 수 있다고 장담할
수도 없고, 죽지 않는다고 확신할 수도 없는 미래의 시간과 미지
의 세계를 향한 모험의 길이었다. 그런데 저승 여행자는 하늘과
땅만큼이나 소중한 것들을 일체의 머뭇거림도 없이 다 버렸다.

인안나는 통치권과 대사제권을 버리고 저승으로 내려갔다. 통치
권과 대사제권은 땅과 도시와 신전을 지배하는 자만이 갖고 있던
최고의 힘이었다. 거기에는 여왕권과 여사제권도 포함되어 있었
다.[8] 여신은 그것들을 서슴없이 버렸다. 비단 통치권과 대사제권
만 버린 게 아니었다. 자신의 도시와 신전을 모두 버렸다.[9] 그녀가
저승에서 살아 돌아올 계획이었다면, 응당 '버렸다'기보다는 이승

────────────────

8) 인안나 사건의 일지를 기록한 필경사는 인안나가 버린 것이 '남엔(nam-en)'과 '남라가
르(nam-lagar)'라고 적었다. '남엔'은 대사제권을 포함한 통치권, '남라가르'는 사제권
을 뜻한다. 필경사가 통치권과 대사제권을 한꺼번에 일컫는 '남엔'을 썼으면서도 '수
메르 만신전에서 일어난 가장 이례적인 사건'을 기록하면서 굳이 '남라가르(사제권)'
를 또 쓴 것은 인안나가 왕권과 대사제권뿐만 아니라 여왕권과 여사제권까지 전부 쥐
고 있었다는 점을 강조하기 위한 필력의 소산이라 할 수 있다.

9) 신전은 하늘과 땅을 연결해주고 신과 인간을 연결해주는 거룩한 곳이었다. 신들이 세
상을 지배하던 시절, 신전을 차지한다는 것은 세상을 차지하는 것이나 다름없었다. 한
데 '저승 여행객' 인안나는 메소포타미아에 있던 자신의 신전들을 미련 없이 버리고
말았던 거다.

으로 복귀할 때까지 '잠정적으로 포기했다'고 해야 마땅할 것이다. 버렸든 포기했든 어쨌든 간에, 여신은 이승에서 갖고 있던 기득권을 전부 버렸고, 모두 포기했다.

여신은 도시국가 우루크를 등졌다. 그곳에 있던 자신의 신전 에 안나를 버렸다. 우루크는 수메르에서 가장 큰 도시였다. 도시 옆 에는 유명한 유프라테스강이 흐르고 있었다. 우루크는 이 강과 이 투룬갈운하가 합류하는 지점에 있었다. 강 앞에는 원래 천제 안의 지성소가 존재했던 쿨라바가 있었고, 이투룬갈운하 앞에는 에안 나가 있었다. 에안나는 인안나의 신전이었고, 여신은 우루크의 수 호신이었다! 우루크는 그녀가 가장 아끼는 도시였고, 영웅 길가메 쉬가 통치한 도시였다. 그런데도 여신은 우루크의 신전 에안나를 버리고 저승으로 내려갔다.

대홍수 이전에 신들이 세운 수메르 도시들이 있었다. 바드티비 라도 그 가운데 하나였다. 이투룬갈운하 남쪽에, 물길이 서편으 로 방향을 튼 지점에 있던 도시였다. 이 도시는 본시 인안나의 남 편인 두무지의 통치권에 속해 있었다. 그러다가 나중에는 인안나 의 아들 루랄이 수호신으로 등장했다. 여기에도 인안나의 신전 에 무쉬칼람마가 있었다. 바드티비라는 갈대가 불타는 용광로의 도 시였고, 습지 끄트머리에 제련소가 있는 금속의 도시였다. 바다 먼 곳에서 가져온 광석으로 만든 구리와 금, 은 등을 수메르 곳곳으 로 제공하던 도시였다. 여신은 저승으로 가려고 바드티비라의 신전 에무쉬칼람마를 버렸다.

수메르 도시들은 운하와 강줄기를 따라 연결되어 있었다. 거기에 자발람이라는 도시가 있었다. 이투룬갈운하 왼쪽에 있던 도시였다. 그곳은 또 다른 운하와 만나는 지점이었다. 자발람은 주요 항구 가운데 하나로, 도기제조업의 도시였다. 자발람의 수호신은 바로 인안나였다. 여신은 저승으로 가려고 자발람의 신전 기군나를 버렸다.

우루크가 수메르 남쪽에서 가장 큰 무역도시였다면, 수메르 북쪽에는 국제적인 도시 아답이 있었다. 그곳에는 수메르인과 셈인을 비롯한 여러 종족이 살고 있었다. 아답은 본디 수메르에서 가장 신성한 도시인 니푸르로 물자를 공급하는 역할을 맡고 있었다. 거기에는 라가쉬에서 들여온 가죽제품과 자발람의 도기, 움마의 보석, 바드티비라의 금속, 라르싸의 직물, 우르의 곡물에 이르기까지 없는 게 없었다. 이 이투룬갈운하 최북단 도시의 수호신은 모신(母神) 닌후르쌍이었다. 세월이 흐르고 흘러, 여신의 운명은 수공예품과 무역을 관장하는 그의 딸 리신에게 넘어갔다. 아답 역시 강력한 인안나의 권위에는 당해내지 못하고 있었다. 여신은 저승으로 가려고 아답의 신전 에샤라를 버렸다.

신들의 제왕 엔릴의 도시가 있었다. 땅에서 가장 신성한 도시 니푸르가 있었다. 엔릴이 신들을 통제하고 감독하는 도시였다. 엔릴의 신전 에쿠르는 신들이 회합을 갖는 장소였다. 니푸르에서도 인안나의 권력은 대단했다. 여신은 저승으로 가려고 니푸르의 신전

에바라두르가라를 버렸다.

　대홍수가 땅의 생명을 쓸어간 뒤로, 하늘의 왕권을 '다시 받은' 최초의 도시는 키쉬였다. 이곳은 니푸르의 수호신 엔릴에 의해 왕권이 계승되고 있었다. 달이 차고 해가 지나기를 거듭하자, 왕권은 키쉬에서 우루크로 넘어왔다. 키쉬의 수호신인 '창조의 여신' 닌후르쌍의 권위도 사라졌다. 나중에는 악카드의 강력한 전쟁의 신 자바바가 키쉬의 수호신으로 등장했다. 그런 그마저도 거룩한 인안나를 배우자로 맞이해야만 했다. 여신은 저승으로 가려고 키쉬의 신전 후르쌍칼람마를 버렸다.

　최초의 셈족 국가 악카드가 있었다. 아가데는 악카드를 창시한 사르곤 1세의 주도(主都)였다. 수메르의 도시들은 니푸르를 기점으로 남쪽에 있었고, 악카드의 도시들은 그 북쪽에 있었다. 사르곤과 아가데의 수호신은 인안나였다.[10] 여신은 저승으로 가려고 아가데의 신전 에울마쉬를 버렸다.

　인안나는 통치권과 대사제권을 포기했고, 일곱 도시와 일곱 신전을 버렸다. 그런데 여신이 버린 신전이 '더' 있었다.

---

10)　4,300여 년 전 수메르를 무너뜨린 악카드 제국의 사르곤도 다른 수메르 왕들처럼 인안나에 의해 왕이 되었다. 사르곤이 정복한 모든 땅에서 악카드의 수호신 인안나가 숭배되었다. 세상천지의 왕이 된 사르곤은 수메르어를 밀어내고 악카드어를 공식 언어로 채택했고, 그로 인해 인안나의 악카드어 이름 '이쉬타르'가 세상에 더욱 알려지게 되었다.

여신의 아들 샤라가 수호신으로 있던 도시 움마의 이브갈,

여신의 아버지 난나가 다스리던 도시 우르의 에딜문나,

유프라테스강 초입에 있던 항구도시 키시가의 아마쉬에쿡,

수메르의 대초원이 습지대와 만나는 지점에 위치한 도시 기르수의 에에쉬담쿡,

치유의 여신 굴라가 수호신으로 있던 도시 이씬의 에쉑메쉐두,

한때 수메르의 왕권을 거머쥔 적이 있던 아크샤크의 안자가르,

대홍수가 나기 전부터 엔키의 사제 지우쑤드라가 살았던 '오래된 도시' 슈루파크의 니긴가르쿡,

요새 같은 도시 카잘루의 에샥훌라.

인안나는 이들마저도 버렸다. 저승, 저승으로 가려던 차였다. 정말, 그대로 무모하게, 아무런 준비도 없이 떠날 수 있었을까? 죽지도 않은 자가 제 발로 지옥의 문턱을 넘으려고 했던 적이 있던가. 황천길로 떠난 자들 중에 되돌아온 자가 있었던가. 없었다. 아예, 없었다. 실로 두려운 일이었다. 그렇지만 여신은 하늘과 땅을 다스릴 수 있는 거룩한 힘을 갖고 있었다. 세상을 지배하고 문명을 일으키는 신비한 권능이 있었다. 어쩌면 저승에서조차 통할지도 모르는 신통방통한 재주가 있었다. 그녀는 저승으로 떠나기에 앞서 자신이 갖고 있던 범상치 않은 힘들을 챙기기 시작했다.

일곱 개의 신령스러운 힘들을 한데 모았다.

후광을 모아 손에 쥐었다.

무엇보다도 좋고 신성한 힘을 지니고 길을 나섰다.

　도시와 신전에서 겁 없이 호령하던 여신이었다. 일곱 마리 사자가 이끄는 하늘의 전차를 타고 천지간을 오르내리며 권세를 뽐내던 여신이었다. 아무도 말릴 수 없는 사랑의 끼와 불타는 전투력으로 가득 차 있던 여신이었다. 한번 마음을 먹으면 끝장을 보는 다혈질의 여신이었다. 저승을 제외한 천상천하의 지혜를 전부 갖고 있던 여신이었다. 아무리 저승으로 가는 여행길이라 할지라도, 명색이 '하늘의 여왕'이라는 인안나가 초라한 모습으로 떠날 수는 없었으리라.

　머리에 '사막의 왕관'[11]을 썼다.

　이마에는 가발[12]을 걸쳤다.

　목에는 작은 청금석[13]으로 된 목걸이를 걸었다.

---

11) 일명 '사막의 왕관'이라고도 불리는 '슈구라'는 사막이나 광야를 지나는 장거리 여행 때나 쓰는 것이었다. 슈구라에 대한 더 많은 정보를 얻기 위해 수많은 점토판 자료를 뒤져보았으나, 인안나가 저승으로 여행을 떠난 이야기에서 세 번, 우루크로 '메'를 가져오기 위해 에리두의 엔키를 방문했던 점토판에서 한 번 확인할 수 있었고, 그 이외에 단편적으로 한두 군데 더 나오는 정도였다. 슈구라는 이땅 저땅에서 힘을 모으고 세력을 넓히느라 분주했던 인안나가 전용으로 사용한 신성한 모자였고, 수메르 만신전에서도 극히 이례적이고 굉장한 사건 때에만 착용한 각별한 의미가 있는 모자였다고 결론 내릴 수 있다.

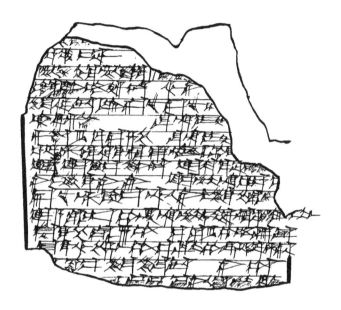

3

인안나가 저승으로 떠나기에 앞서 일곱 가지 행장을 꾸리는 장면과 저승 입구에서 저승의
수문장을 부르는 장면이 기록된 점토서판의 사본이다.

가슴에는 달걀 모양의 구슬 한 쌍을 달았다.

몸은 여왕의 권위를 나타내는 제복 '팔라'[14]로 둘렀다.

눈은 '남자여, 이리 오세요, 오세요'라고 불리는 유혹의 화장을 했다.

가슴에는 '남자여, 오세요, 오세요'라고 불리는 유혹의 가슴 장식을 달았다.

손목에는 금팔찌를 꼈다.

손에는 청금석으로 된 자막대기와 줄자[15]를 쥐고 있었다.

---

12) 가발은 머리를 보호하기 위한 장치이자 이성에게 자신의 매력을 발산하기 위한 하나의 도구였다. 의례용이나 행사용으로 쓰긴 했지만, 수메르어의 그 의미를 있는 그대로 본다면 성적인 매력을 나타낸다.

13) 수메르인에게 청금석은 '아름다움'의 대명사였다. 우루크의 위대한 영웅 길가메쉬나 수메르 문예부흥기의 지성인으로 유명했던 슐기의 수염은 모두 청금석이었다고 한다. 수메르의 신전들은 청금석과 금으로 휘황찬란하게 지었고, 신과 왕의 옥좌도, 인장과 장신구도, 단검 장검 할 것 없이 모두 청금석이나 금으로 만들었다. 수메르는 사실 '원광(原鑛)의 황무지'나 다름없었다. 그래서 외국에서 청금석과 금의 원석을 수입해야 했다. 하지만 수메르인들은 금속을 제련하고 가공하는 세계 최고의 기술과 위대한 건축술, 그리고 예술적 재능을 가지고 있었다. 청금석의 경우, 인류 문명사에서 수메르에서처럼 다양하게 활용된 경우는 거의 없다.

14) 팔라는 여왕의 권위를 상징하는 제복으로, 저승으로 떠나는 자가 입을 옷이 아니었다. 저승의 여왕이 아니면서 '여왕의 제복'을 입고 저승으로 떠난다는 것은 저승에서도 여왕이 되고야 말겠다는 의지의 표현일 것이다.

15) 자막대기와 줄자는 통치권자나 위대한 신만이 가지는 신성한 재판권의 징표였다. 이 또한 저승에서도 그런 권위를 내세우려는 하늘의 여왕이 품고 있던 속마음을 나타내는 것이다.

인안나는 자신의 힘을 굳게 믿고 있는 듯했다. 한 여신이 저승으로 향하고 있었다. 그녀는 화려한 복장을 하고 있었다. 사자(死者)의 행장이 절대로 아니었다. 하늘의 여왕이 저승으로 내려가고 있었다. 여전히 여왕의 모습으로 그렇게 가고 있었다. 가장 큰 욕망 덩어리를 심장 깊은 곳에 숨기고 떠나는 중이었다.

인안나가 에레쉬키갈에게 가고 있었다.
동생이 언니에게 가고 있었다.
여왕이 여왕에게 가고 있었다.

모든 것은 '메'로부터 나왔다

"엔키는 곳곳에 '메'를 풀어 다스렸고,
인간에게 삶다운 삶이 열렸다"

─────────────── 인안나는 '메'라는 신통한 힘을 갖고 있었다. 그 어떤 신도 갖지 못한 신비로운 힘이었다. 그녀가 하늘과 땅에서 막강한 힘을 과시하며 '하늘의 여왕'이라는 자리에 오르게 된 일은 가장 신령스러운 힘인 '메' 덕분이었다. 여신은 저승으로 여행을 떠나기에 앞서, 세상을 지배하던 기득권을 미련 없이 모조리 버렸으면서도 '메'의 알짜배기는 챙겨 들었다.

'메'의 본질은 신성한 권능이고, 삼라만상의 총체적인 질서이며, 지혜의 정수였다. '메'를 통해서 문명이 일어났고, 문화가 형성되었으며, 미개와 무질서가 사라졌다. 도시가 생겼고, 신전과 가옥이 높고 튼튼하게 올라갔으며, 길이 넓혀졌고, 재물이 쌓였고, 직업이 늘어났고, 강의 물줄기가 잡혔으며, 단단한 그릇을 빚어냈고, 멋진 옷을 지어 입었고, 좋은 음식을 만들어 먹었다. '메'로부터 얻은 혜택이었다. 규칙과 규범이 세워졌고, 사회가 정비되었으며, 경제의 체계가 잡혔고, 왕권과 왕위가 확립되었고, 언어와 문자가 사용되었다. '메'에서 나온 기운이었다. 기쁨과 슬픔의 춤을 추었고, 악기를 치고 두드리며 노래를 불렀고, 향기로운 술을 마셨고, 달콤한 우유를 들이켰고, 배에 올라 먼 곳을 여행했고, 사랑다운 사랑을 즐겼다. '메'가 가져다준 운명이었다.

4

모든 것은 '메'로부터 나왔다. 참다운 삶은 '메'로부터 나와 시작된 것이었다. 정말, 정말 그랬다. 그리고 이 '메'의 주인은 놀랍게도 인안나였다!

4

소를 몰고 도시의 정원을 경작하고 있는 인간의 모습. 인간이 자립 생활을 시작할 수 있었
던 것은 지혜의 신이자 '메'의 집행자인 엔키가 땅에 축복을 내렸기 때문이다.

그녀보다 서열이 높은 큰 신들이 줄줄이 있었다. 당장 옆을 보면, 태양의 신 우투가 있었다. 인안나의 오빠였다. 인안나와 우투의 아버지 난나가 위편에 있고, 난나의 아버지 엔릴이 더 위편에 있고, 그 근처에 '넓은 귀의 신'이며 광대무변한 지혜의 존자로 우뚝 서 있는 엔키가 있고, 맨 위편에는 '아버지의 아버지의 아버지'이신 천제 안께서 계셨다. 여신이 감불생심 대들 수 없을 것만 같은 쟁쟁한 남신들이 떡하니 버티고 있었다. 그럼에도 '메'의 주인은 인안나였다.

'메'는 본래 신들의 제왕 엔릴이 성도 니푸르의 신전 에쿠르에 모아두었던 '금단의 신물'이었다. 이 세상천지에서 진정한 지배자만이 다룰 수 있는 보물 중의 보물이었다. 하지만 '메'는 그저 숨겨둘 물건이 아니었다. 세상 밖으로 끌고 나와 나누어주고 베풀어주고 열어주어야 하는, 신이 인간에게 내어줄 삶의 지표이고 운명의 기운이었다. 그래야만 신은 신답게 되고, 인간은 인간답게 되는 거였다. 그리고 그건 신들의 제왕 엔릴의 일이 아니었다.

인간의 창조주가 있었다. 인간의 구세주가 있었다. 신 중에서 가장 지혜로웠던 엔키가 있었다. 그는 '메'를 확실하게 보관할 뿐만 아니라, 인간에게 '메'의 혜택을 골고루 나누어줄 수 있는 능력의 소유자였다. '메'는 최초의 신시인 에리두로 옮겨졌다. 에리두의 중심이자 심연이며 성소인 압주에서 '메'가 실행되었다. 압주의 신왕 엔키는 우르를 향해 '메'의 기능을 작동시켰다. '메'의 집행

5

엔키는 천제 안의 아들이자 땅으로 내려온 최초의 신으로 인간을 창조하고 대홍수에서 인간을 구원한 구세주다. 그는 인간에게 참다운 삶을 누리게 해주었다. 엔키의 에리두는 늪지 위에 세운 최초의 도시로 깊은 물의 도시이며, 생명의 도시였다. 그곳에서 일곱 성현과 최초의 인간 아다파가 태어났고, 그곳에서 신과 인간의 삶이 태동했다. 그래서인지 에리두와 엔키를 표현하는 인장을 보면 늘 그의 주변에 물이 흐른다. 그리고 생명의 나무와 물고기 또는 인어의 모습을 한 존재들이 등장한다.

자 엔키는 '검은 땅' 멜루하로 눈을 돌려 그 운명을 정해주었다. 신의 축복이 땅에 내려지고 있었다. 엔키는 신들의 도원경이라는 딜문 땅을 정화해 아름다운 정원으로 만들었다. 그곳에서는 까마귀가 깍깍 울지 않았고, 닭이 구구 울지 않았고, 사자가 굶주려 동물들을 잡아먹지 않았고, 늑대가 양을 덮치지 않았고, 개가 어린 염소의 목을 따지 않았고, 돼지가 보리를 먹는 일조차 없었다. 홀로된 여인이 지붕에 맥아를 얹어놓아도 새들이 탐내 먹는 일이 없었고, 비둘기가 날개 밑으로 머리를 묻지 않았다. 눈병 있는 자가 눈 아프다 하지 않았고, 두통 있는 자가 머리 아프다 하지 않았고, 늙은 여자가 '나는 할미다'라고 하지 않았고, 늙은 남자가 '나는 할아비다'라고 하지 않았다. 처녀가 몸을 씻지 않아도 도시에서 내돌림당하지 않았고, 강을 건너는 자가 힘들다고 하지 않았고, 전령이 급보를 알리려고 도시 주변을 뛰어다니지 않았고, 노래하는 자가 '일하러 갑시다'라고 노래 부르지 않았고, 도시 변두리에서 곡하는 소리가 들리지 않았다.

이 땅 저 도시에서 엔키의 '메'가 작동되고 있었다. 그로부터 신에 의한 세상의 지배가 본격화되었다. 인간의 입장에서 보면, 그것은 참된 삶의 시작이나 다름없었다. 출발지는 에리두였다.

가장 숭고한 신들의 땅 수메르에서 만인에게 엔키의 거룩한 법이 실행되기 시작했다. 참으로 고귀한 법이었다. 엔키에 의해 왕권이 탄생했고, 그에 의해 왕이 된 자는 영광스러운 왕관을 썼다. 소와 양이 곱절의 곱절로 늘어났고, 신전은 하늘 높이 치솟았다. 엔키가 정한 운명에 따라 도시는 풍요로워졌고, 인간은 엔키의 축복을 받았다. 강은 물고기로 넘쳐났고, 쟁기와 멍에가 만들어졌으며, 신성한 밭고랑이 열렸고, 경작지에서 곡물이 자랐고, 수로와 도랑이 물길을 잡아주었다. 곡물 창고는 꽉꽉 찼고, 곡괭이와 벽돌로 살아갈 집이 세워졌으며, 들판에서 식물이 자라났고, 동물이 뛰놀았고, 외양간과 양 우리가 지어졌으며, 우유와 기름이 그득했다. 엔키는 곳곳에 '메'를 풀어 다스렸고, 신들을 군데군데 적절히 배치했다. 인간에게 삶다운 삶이 열렸고,[16] 신들은 각기 자신의 위치와 역할을 잡아가기 시작했다. 엔릴과 엔키가 기뻐하고 있었다. 엔릴은 '메'를 지켜보고 있었고, 엔키는 '메'를 집행하고 있었다.

엔키에 의해 '메'의 기능이 올바르게 작동되면서, 신들은 대부분 제 깜냥에 맞는 신기(神技)를 발휘하게 되었다. 그러나 그들 중에서 유독 엔키에게 불만을 터트린 신이 있었다. 인안나였다! 여신은 자신에게 주어진 힘이 너무 약하다고 직설적인 언사를 구사하며 엔키에게 항의했다.

---

16) 〈길가메쉬 서사시〉에 나오는 길가메쉬의 시종이자 친구인 엔키두가 미개인에서 '사람'으로 변하는 과정에서도 엔키의 '메'가 작용했다. 엔키두는 직립보행을 몰랐고, 불로 구운 빵을 먹을 줄 몰랐으며, 맥주를 마실 줄도 몰랐으나, 엔키의 신비로운 능력으로 용사가 되었다. 엔키의 정화 능력은 인간을 인간답게 만드는 것이었다. 그래서 '엔키두(En-ki-du$_{10(3)}$)'를 '엔키의 창조물, 엔키의 좋은 작품'이라고 해석하기도 한다. 엔키두에 관한 자세한 이야기는 《최초의 신화 길가메쉬 서사시》를 참고하라.

"당신은 내가 여자라서 별도로 취급하는 거죠? 난 거룩한 인안나란 말이에요. 내가 할 일은 어디에 있죠?"

"내가 너를 얕보았단 말이더냐? 여신아, 내가 너를 깔보았단 말이더냐? 내가 어떻게 너를 더 높여줄 수 있을까? 처녀 인안나, 내가 너를 능멸했단 말이더냐? 내가 너를 얼마나 더 올려줄 수 있을까?"

인안나는 일단 한번 수틀리면 천제 안이나 엔키에게도 겁 없이 덤벼드는 신이었다. 하고 싶은 말을 거침없이 마구 털어놓고 대들고 따지는, 때론 되바라져 보이기까지 한 그녀의 앙칼진 성질을 아무도 막을 수가 없었다. 인안나는 그런 신이었다. 그런데 어떻게 '메'가 엔키에게서 인안나에게 넘어왔단 말인가. 여신은 엔키에게서 '메'를 훔쳐 왔다. 아니, 훔쳐 왔다기보다는 쟁취한 것이었다. 그건 여신이 애초부터 갖고 있던 명석한 두뇌와 출중한 외모가 안겨준 결과였다. 가장 지혜로운 신 엔키조차 어쩔 수 없이 풀어놓은 '메'의 운명이었다. 신들의 서열과는 상관없이 인안나가 '메의 주인'이 되었다.

도대체 무슨 일이 있었던 걸까.

04

인안나, 에리두로 잠입하다

"내 아버지가 '메'를 주셨다.
그러니 내가 가져가겠다!"

행하기 전에, 저승의 여왕 에레쉬키갈에게 위험천만한 도전장을 던지기 전에, 지혜의 제왕 엔키를 상대로 벌인 신출귀몰한 사건이 있었다. 그때에도 인안나는 '사막의 왕관' 슈구라 터번을 머리에 쓰고 있었다. 여신은 먼저 양 우리로 갔고, 양치기에게 갔다.[17] 인안나는 자신의 음문을 들여다보고 있었다. 그녀의 음문은 보기에도 기막혔다. 깜짝 놀랄 만큼 기막혔다. 그녀 자신조차 대견스러울 정도였다. 음문에는 기쁨이 가득 차 있었다. 젊은 여자 인안나가 우쭐할 정도였다. 그녀의 음문은 환희에 가득 차 있었다. 보고, 보고, 또 봐도 그랬다. 정말 그랬다.

여신은 자신의 음문에 자신감이 넘치는 듯 보였다. 그건 자신의 목적을 이루기 위해서라면 비장의 무기로 몸을 사리지 않겠다는 뜻이기도 했다. 그녀는 그만큼 자신의 성적 매력에 넘어가지 않을 남신은 없을 거라고 확신하고 있었다. 그리고 에리두로 잠행을 결정했다.

"나, 하늘의 여왕은 '지혜의 신'을 방문할 것이다. 압주로 갈 것이다. 에리두의 신성한 그곳으로 갈 것이다. 엔키를 '섬기러' 갈 것이다. 에리두에 있는 지혜의 신을 '섬기러' 갈 것이다. 깊고 달콤한

---

17) 점토판을 기록한 필경사는 '양치기'가 누구인지 침묵하고 있지만, 십중팔구는 여신의 남편인 양치기 두무지를 가리키는 말일 것이다.

6

우루크의 인안나가 '메'를 손에 넣기 위해 에리두의 엔키와 대립한 상황을 기록한 점토판들 가운데 일부다. 〈길가메쉬 서사시〉도 그렇지만, 〈인안나와 엔키〉 이야기도 1911년부터 데이비드 W. 뫼르만, 아르노 포벨, 새뮤얼 노아 크레이머 같은 대(大)학자들의 손에 의해 여러 곳에 흩어진 점토판에 대한 연구가 진행되면서 전체적인 윤곽이 드러났다.

물속에 있는 엔키에게 기도하는 심정으로 말할 것이다."

여신은 홀로 출발했다. 압주로, 에리두의 신성한 곳으로 발길을
옮기고 있었다.

"나는 엔키에게 삼목(杉木)의 수액만큼이나 달짝지근한 감언이
설을 던질 것이다. 그가 아무리 나를 무시한다고 해도, 결국에는
내 육체의 황홀경에 빠질 것이다."

그녀는 마음속에 품은 음흉한 뜻을 이루려고, 그럴 검은 속내로,
달랑 혼자서 지혜로운 엔키의 요새로 출발했다. 어느새 젊은 여신
은 압주 가까이 다가서고 있었다.

압주의 왕은 엔키였다. '넓은 귀의 소유자'였다. 신성하고 거룩
한 '메'의 실행자였다. 하늘과 땅의 신령스런 법도를 아는 자였다.
위대한 엔키는 설령 자신의 거처에 들어앉아 있다 하더라도 모든
신의 마음을 훤히 꿰뚫고 있는 신이었다. 모든 것을 알고 있는 슬
기로운 신이었다. 엔키는 여신이 압주에서 약 10킬로미터 정도 떨
어진 곳까지 접근했을 때에도, 손금 보듯 이미 잠행자의 생각을
모두 알아차리고 있었다. 역시 엔키였다!
큰 신에게는 시종 신이 있었다. 엔키의 시종은 이시무드였다. 그
는 두 얼굴을 가진 신으로, '지혜의 신왕'을 모시기에 매우 적절한

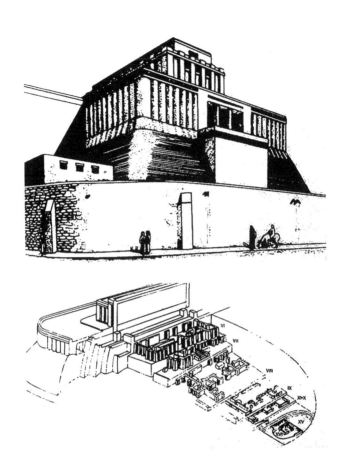

7

엔키를 수장으로 한 신들이 세운 최초의 도시 에리두의 신전은 압주에 있었다. 직사각형
모양을 한 엔키의 신전은 무려 17차례나 개축한 흔적이 보인다. 약 7,000년 전에 건축된
것으로 추정되는 최하단의 마지막 지성소는 14평방미터 크기로 정갈한 모래 위에 흙벽돌
로 만들어졌으며, 출입구도 하나였고, 제단도 하나였다. 그러나 엔키의 지성소가 세워지기
전에 이미 그에 대한 신앙이 상당히 오랫동안 지속되었으리라.

신이었다. 엔키의 시종은 앞에 달린 얼굴로 미래를 관찰하고, 뒤에 달린 얼굴로 과거를 유심히 돌이켜 보는 능력이 있었다. 엔키에게는 안성맞춤이었다. 엔키가 이시무드를 불러 지시를 내렸다.

"자, 이리 오라, 내 시종장. 어서 와서 내 말을 들어보라. 젊은 여자가 압주로 오고 있다. 인안나가 거룩한 성소로 들어오면, 그녀에게 버터로 만든 과자를 갖다주거라. 또 그녀의 마음을 상큼하게 해줄 시원한 물을 갖다주거라. 사자상 앞에서는 맥주를 따라 주거라. 절친한 친구의 집에 있는 듯이 편안함을 느끼게 해라. 동료와 함께 있는 것처럼 해주어라. 그리고 공손히 대해라. 인안나를 신성한 식탁으로, 하늘의 식탁으로 환대할 준비를 해라."

이시무드는 젊은 여자를 압주로 들어오게 했고, 에리두로 들어오게 했다. 미모의 불청객이 압주로 들어왔다. 엔키의 시종은 주군의 지시를 한 치의 오차도 없이 그대로 따르고 있었다.

잠행.
그랬다.
인안나는 잠행자였다.
우루크를 떠나 에리두의 고대광실(高臺廣室)인 압주에 입성하기 전까지, 여신은 분명 잠행자의 신분이었다. 그녀는 자신의 잠행은 귀신도 모를 일이라고 굳게 믿었으리라.

잠입.

그랬다.

인안나는 잠입자가 될 줄 알았다.

그러나 잠입은 실패했고, 잠입자는 존재하지 않았다. 잠행은 시도되었지만, 잠입은 쉽지 않았다. 잠행자는 신분이 완전히 노출된 잠입자가 되어 압주로 들어와 있었다. 천하의 엔키는 벌써부터 모든 사태를 파악하고 있었고, 과거를 돌이켜 보거나 미래를 내다보는 두 얼굴의 소유자 이시무드는 어설픈 잠입자를 향해 쌍수를 들고 환영하고 있었다. 여신은 긴장이 감도는 잠입의 행적 대신, 버터과자를 먹고, 시원한 물을 마시며, 사자상 앞에서 맥주를 대접받고, 절친한 친구나 동료와 함께하듯 평온한 상태로 압주의 행로를 따라 들어오고 있었다. 그리고 극진한 영접을 받으며 신령스러운 하늘의 식탁으로 안내되었다.

8

잠행은 실패했고, 잠입은 대실패였다.

아니, 잠행은 성공이었고, 잠입은 대성공이었다.

엔키와 인안나가 압주에서 함께 맥주[18]를 마시고 있었다. 둘은

---

18) 수메르어의 '맥주'는 '술'과 동의어로 사용되었다. 수메르는 가히 보리와 맥주의 나라였다고 해도 지나치지 않다. 수메르의 보리농사는 한 번 파종으로 70배가 넘는 수확을 내기도 할 정도로 발전해 있었다. 보리 수확이 많았던 만큼 맥주 소비도 대단했다. 죽은 사람의 유족이 묘지 관리인에게 주는 뇌물 목록 맨 앞자리에 맥주와 보리가 있었고, 그래야만 제대로 된 장례를 치를 수 있었다. 학교에서 자식이 성적이나 행동

8

두 신이 엔키의 압주로 다가서고 있다. 엔키의 거처는 언뜻 보기에도 무척 견고해 보인다. 엔키는 메소포타미아 최남단의 습지 위에 에리두를 세웠고, 압주에 휘황찬란한 신전을 지었으며, 거기에서 인간을 창조했다. 그가 머문 '깊은 곳'은 정결한 물이 흐르는, 쉽게 근접할 수 없는 성소였다.

술의 달콤함을 즐기고 있었다. 함께 마시고, 함께 들이켜고 있었다. 청동 술잔에 술이 넘치고 있었다. 둘은 건배를 하며 권커니 잣거니 마셔대고 있었다. 땅의 여신 우라쉬의 술독에서 나오는 술을 계속 들이켜고 있었다. 엔키는 술에 취해 흐느적거리며 인안나와 술잔을 부딪치고 있었다.

"나의 권능을 걸고 말하노라! 나의 거룩한 성소 압주를 걸고 말하노라! 나는 내 딸[19] 거룩한 인안나에게 이것들을 주겠노라!"

지혜의 제왕 엔키는 만취해 있었다. 여신은 자신의 며느리였다! 그는 양치기 두무지의 아버지였고, 여신은 두무지의 아내였다. 그런데도 둘은 술을 마시고 있었고, 그 순간을 즐기고 있었다. 그리

이 불량하여 인정받지 못하면, 아버지는 그 선생님을 모셔놓고 잘 봐달라며 술을 따랐다. "맥주(술)를 마시는 자는 물을 마신다", "좋은 것은 맥주이며 나쁜 것은 여행이다", "그는 맥주를 잘 모르는 사람처럼 떨고 있다", "맥주를 모르는 것은 정상이 아니다" 같은 문장도 점토판에서 찾아볼 수 있다. 한데 공교롭게도 보리는 수메르가 멸망한 요인 가운데 하나였다. 수메르 말기에 이르러 지독한 기근이 계속되며 보리 가격이 60배까지 폭등했고, 그 바람에 경제가 무너졌다. 수메르 멸망에 대해서는《최초의 역사 수메르》에서 상술했다.

19) 수메르 신화에서는 일반적으로 자신보다 유리한 형편에 있거나 존경할 만한 대상을 '아버지'라 불렀다. 반대로 친자식이 아니더라도 자신의 시종이나 하급 신, 자신에게 복종할 수밖에 없는 대상을 상황에 따라 '자식·아들·딸' 모두를 뜻하는 '두무(dumu)'라고 불렀다. 그래서 인안나와 엔키가 서로 '내 아버지', '내 딸'이라고 하는 것은 수메르 어법에 틀린 말이 아니다.

고 엔키는 자신이 갖고 있던 '메'를 여신에게 넘겨주고 있었다. 그는 인안나를 향해 열네 번이나 술잔을 들어 올렸다. 그럴 적마다 그토록 고귀한 힘을 차례로 내주고 있었다. 여신은 그가 '메'를 내줄 때마다 바로바로 챙겨두고 있었다.

"내 아버지가 '메'를 주셨다. 그러니 내가 가져가겠다!"

술에 취한 압주의 신왕은 열네 번에 걸쳐 수많은 '메'를 있는 대로 죄다 여신에게 바쳤다. 그 '메'의 목록에는 어떤 것들이 있었을까? 거기에는 세상을 다스리기에 합당한 지위와 그에 걸맞은 존재들이 다 있었다.

대사제권, 신위(神位), 고결하고도 영구적인 왕위, 왕권을 상징하는 옥좌, 제왕의 존귀한 상징인 홀, 왕의 막료, 신성한 자막대기와 줄자, 존귀한 왕좌, 목자권, 왕권, 왕비의 여사제, 거룩한 여왕의 여사제, 주문을 외우는 사제, 고귀한 사제, 제주를 올리는 사제.

어디 그뿐이겠는가. 여신은 '진실'을 챙겼다. 지하세계로 내려가고 올라오는 법도 챙겼다. 전례(典禮)가 있을 때 각종 의식을 진행하는 자들도 챙겼다. 단검과 장검, 화살통, 검은 의상과 화려한 의상, 머리칼을 풀거나 묶는 손질법도 이미 여신에게 넘어갔다.

성교하는 법, 입맞춤하는 법, 매춘하는 법도 그랬고, 똑바로 대놓고 말하는 법이나 험한 말을 늘어놓는 법, 꾸며서 말하는 법도 그랬다.

신령스러운 선술집, 신성한 사당, 하늘의 거룩한 여사제도 여신의 것이었다. 만취한 엔키는 인안나에게 울려 퍼지는 악기도 던져주었고, 가창법도 넘겨주었다. 남신은 계속 주었고, 여신은 계속 받았다.

여신은 영웅적 자질과 권력, 배신, 정의, 도시의 약탈, 한탄과 기쁨, 사기술, 반역의 땅, 호의, 만유(漫遊), 안전한 거처, 나무를 다루는 기술, 구리를 다루는 기술을 넘겨받았고, 필경술과 금속 세공술, 가죽제품 만드는 법, 천을 바래고 다듬는 법, 건물을 짓는 법, 갈대를 다루는 법도 넘겨받았다.

지혜의 주님 엔키는 사랑의 여신 인안나에게 자신의 명예와 지위를 걸고 '메'를 선물했다.

민감한 청력, 집중력, 신성한 정결례, 양치기의 막사, 목탄 때는 법, 양 우리, 존경심, 두려움, 공포, 대경실색, 절망, 가혹한 이빨을 가진 사자, 불을 켜고 끄는 법, 노동, 가족의 결집, 후손, 경쟁심, 승리, 조언, 위안, 평가, 판결 등도 몽땅 주고 말았다.

수메르 만신전에서 엔키보다 더 지혜로운 신은 없었다. 어떤 신도 그의 창조력과 판단력을 따라갈 수 없었다. 그런 천하의 엔키가 미인계의 수렁에 빠져 있었다. 뼈아픈 자충수였다. 그가 빼도 박도 못 할 늪에 빠진다는 것은 상상도 할 수 없는 일이었다. 혹여 신계에 지독한 난국이 생기더라도 언제나 돌파구를 마련하던 위대한 엔키였다. 다른 신들이 절망에 빠져 포기할 때도 형세를 뒤집고 실용적인 대안을 제시하여 만장의 박수를 받던 존귀한 그였다. 최악의 궁지에 몰리더라도 냉정을 잃지 않고 완벽하게 변명을 할 수 있는, 한마디로 똑소리 나는 신이었다. 게다가 엔키는 '메'의 집행자였다! 그런 그가 되돌릴 수 없는 국면으로 빠져들고 있었다.

인안나, '메'를 손에 넣다

"우루크는 위대한 곳으로
부활하리라!"

──────────────── 숙취는 오래갔다. 엔키는 여전히 거나
하게 술에 취해 비틀거리고 있었다.

"이시무드, 나의 시종장!"
"예, 주군, 여기 대령해 있습니다. 말씀하십시오."
"인안나가 우루크의 쿨라바로 당분간 떠나지 않을 거라고 했는
데, 여기를 떠나 우투가 있는 곳으로 가는 일은 당분간 없을 거라
고 했는데…… 지금이라도 그녀를 잡을 수 있을까?"

어느새, 사랑의 여신은 '메'를 전부 모아놓았다. 인안나는 '메'를
하늘의 배에 실었다. 배는 부두를 빠져나갔다.
마침내 술이 바닥나고 있었다. 지혜의 신왕 엔키의 술이 동나고
있었다. 혼미했던 정신이 조금씩 맑아지고 있었다. 그는 압주 신전
을 살피고 에리두를 둘러보았다.

"이시무드, 나의 시종장!"
"예, 주군, 여기 대령해 있습니다. 말씀하십시오."
"대사제권은 어디 갔느냐? 신위는 어디 갔느냐? 고결하고도 영
구적인 왕위는 어디로 갔느냐? 존귀한 홀은 또 어디로 갔느냐? 그
것들이 대체 어디로 가버렸단 말이냐?"
"주군께서 따님에게 주셨습니다."
"그래? 그럼 다른 것들은?"

9

'특별한 공간'에 자리 잡고 있는 엔키 앞에 그의 시종이자 두 얼굴의 신인 이시무드가 주
군의 명을 받으면서 무언가 심각하게 의논하고 있다. 양 끝에는 두 명의 벌거벗은 존재가
무기를 들고 엔키의 거처 압주를 철저하게 지키고 있다.

"전부 그러셨습니다."

그가 시종장에게 열네 번 물었지만 대답은 매번 같았다. 아뿔싸! 벌어지지 말았어야 할 일이 벌어지고 만 것이다. 엔키답지 않은 대실수였다. 가히 혼비백산할 만한 상황이었다. 신왕은 비로소 현실을 제대로 직시하기 시작했다.

"이시무드, 나의 시종장!"
"예, 주군, 여기 대령해 있습니다. 말씀하십시오."
"지금 하늘의 배가 도달한 곳은 어디인가?"
"막 부두에 도착했습니다."
"당장 가라! 엔쿰을 보내 하늘의 배를 빼앗아오라!"

분초를 다투는 일이었다. 미래를 내다보는 이시무드가 '압주 신전의 보물 관리자'인 엔쿰을 대동하고 인안나를 추격했다. 이시무드는 간신히 여신을 따라잡았다. 그러고는 공손하게 엔키의 뜻을 피력했다.

"나의 여왕이여! 당신의 아버지가 저를 보내셨습니다. 인안나, 당신의 아버지가 저를 보내신 겁니다. 그분께서 하신 말씀은 매우 심각합니다. 그분의 중요한 말씀은 돌이킬 수 없습니다."
"내 아버지가 너에게 말한 것, 그것이 무엇이냐? 어찌하여 그의 중요한 말씀이 철회될 수 없다는 말이냐?"

"주군께서 제게 말씀하셨습니다. 엔키께서 제게 말씀하신 겁니다. '인안나는 우루크로 갈 것이다. 하지만 너는 나를 위해 하늘의 배를 에리두로 되돌려 가져와야 한다'라고."

"어찌해서 내 아버지는 내게 했던 말을 바꾼단 말이냐? 어찌해서 내게 한 약속을 뒤엎는단 말이냐? 그가 내게 한 말은 거짓이었느냐? 내게 거짓말을 한 거난 말이다, 응? 그가 자신의 권위를 걸고, 그의 압주를 걸고 거짓으로 맹세했단 말이냐? 너를 내게 보내 사기를 치려고 하는 것이냐?"

역시 고분고분할 인안나가 아니었다. 이런 말들이 여신의 입에서 튀어나오고 있을 때에, 이시무드는 엔쿰으로 하여금 얼른 가서 하늘의 배를 포획하도록 선수를 쳤다.

인안나에게도 시종이 있었다. 그의 시종은 자웅동체의 신 닌슈부르였다. 그는 자신의 의지와 필요에 따라 남성의 몸이나 여성의 몸으로 바꿀 수 있는 특이한 신이었다. 닌슈부르는 인안나의 매력에 넋이 나가 제 발로 그의 시종이 되었다. 이시무드와 엔쿰의 작당으로 위험이 시시각각 다가서고 있었다. 거룩한 인안나는 닌슈부르에게 지시를 내렸다.

"에안나의 충실한 내 시종장! 나의 유창한 대변인! 믿을 만한 말을 하는 나의 칙사! 물은 결코 네 손에 닿지 않을 것이며, 네 발에 닿지 않을 것이다! 가서 신령스러운 '메'를 실은 하늘의 배를 구해라!"

'메'가 이시무드 일행의 손아귀에 들어가는 듯했다. 그러나 일순간, 인안나의 전사 닌슈부르가 하늘의 배를 구해냈다. 인안나는 '메'를 다시 움켜쥐었고, 하늘의 배를 되찾았다. 엔키가 보낸 엔쿰은 에리두로 돌아갔다.

엔키는 다시 이시무드를 불같이 재촉하여 50이나 되는 에리두의 거인을 인안나에게 보냈지만 뜻을 이루지 못했다. 압주의 왕은 쉽사리 포기할 수 없었다. 그 뒤로도 50이나 되는 지하수의 괴물, 수많은 초대형 물고기, 우루크의 감시인과 이투룬갈운하를 지키는 자 들을 연이어 해결사로 보냈다. 매번 이시무드가 그들을 이 **10** 끌었다. 그러나 엔키의 시종은 번번이 인안나의 앙칼진 목소리를 들어야 했고, 그 일행은 여신의 든든한 시종 닌슈부르의 벽에 막혀 빈손으로 돌아가야 했다.

'메'의 탈환은 끝내 실패했다. 반전은 없었다. 한번 쏴버린 화살은 돌아오지 않았고, 엎질러진 물은 주워 담을 수 없었다. 결국 엔키의 '메'는 인안나에게 완전히 넘어갔다.

인안나의 시종 닌슈부르의 흥분된 목소리가 들려왔다.

"나의 여왕이여, 오늘 당신께서는 하늘의 배를 환희의 문으로, 우루크의 쿨라바로 들어가게 하셨습니다. 이제부터 우리 도시에

10

1875년 〈길가메쉬 서사시〉의 셈어 판본 가운데 일부를 세상에 알린 조지 스미스는 사방이 물로 막혀 있는 '저 깊고 은밀한 곳'에 숨어 있는 존재가 대홍수의 주인공이자 노아의 원형일 거라고 착각했다. 그러나 그는 수메르의 지우쑤드라가 아니라 바로 압주의 엔키였다.

기쁨의 탄성이 울려 퍼질 것입니다."

"그렇다. 내가 오늘 하늘의 배를 환희의 문으로 들어가게 했다. 하늘의 배는 장엄하게 거리를 지날 것이다. 사람들은 경외심에 휩싸여 그것을 바라볼 것이다. 도시의 노인들에게 지혜를 얹어줄 것이며, 나이 든 여자들의 마음을 위로할 것이며, 젊은이들에게 무기가 얼마나 강력한지를 보여줄 것이다. 그리고 아이들이 웃고 노래하게 해줄 것이다!"

우루크 거리에 만감이 교차하는 순간이었다. 인안나의 목소리가 계속 들렸다.

"축제가 열릴 것이며, 거룩한 기도문이 낭송될 것이다. 왕은 황소를 잡을 것이며, 양을 제물로 바칠 것이다. 맥주를 따를 것이며, 북소리가 울릴 것이다. 또한 달콤한 찬미가가 연주될 것이다. 이방의 땅에서는 나의 위대함을 선포할 것이다. 그리고 백성들은 나를 칭송하리라."

하늘의 배가 환희의 문으로 우루크의 쿨라바로 들어와 장엄하게 거리를 지나갔다. 배는 우루크의 지성소에 안치되었다. 그곳은 인안나의 신성한 거처였다.

엔키 왕이 시종 이시무드에게 또다시 물었다.

"하늘의 배는 이제 어디쯤 있느냐?"

"방금 백색 부두에 도착했습니다."

"그래? 지금 당장 가보라. 인안나가 거기에서 큰일을 해냈다."

이시무드의 역할은 바뀌어 있었다. 이제 그는 '메'를 탈환하려고 발버둥 치는 자가 아니라, 위대한 인안나의 위력을 확인하는 자에 불과했다.

인안나가 획득한 '메'가 옮겨지고 있었다. '메'가 하늘의 배에서 내려지고 있었다. 엔키에게서 넘겨받은 바로 그 '메'였다. 그것은 우루크 사람들 앞에 펼쳐지고 있었다.

11   "인안나가 이것들을 전부 가져왔다!"

이윽고 인안나는 다음과 같이 선포했다.

"하늘의 배가 닿은 곳을 '백색 부두'라 할 것이며, 신성한 '메'가 안치된 곳을 '청색 부두'라 할 것이다."

그런데 어디선가 불현듯 엔키의 음성이 들렸다.

"내 권능을 걸고, 내 압주를 걸고, 나는……."

11

인안나(오른쪽) 앞에서 그의 여사제(또는 통치자)가 커다란 그릇에 곡물을 채우고 있다.
우루크의 인안나는 에리두의 엔키에게서 '메'를 넘겨받았고, 그로부터 '메'의 새 주인임
을 인정받았다.

인안나는 갑작스런 엔키의 목소리를 듣고 화들짝 놀랐다.

"당신이 어째서 여기에 오신 거죠? 내게서 신성한 힘들을 빼앗아 가려고요?"

"내 권능을 걸고 말하노라. 내 신성한 성전을 걸고 말하노라. 네가 가지고 간 '메'는 네 도시의 거룩한 성소에 남아 있을 것이다. 사제장이 그 거룩한 성소에서 찬송하며 일생을 보내도록 하겠다. 네 도시 사람들은 번영을 누릴 것이다. 우루크 아이들은 기쁨이 넘치리라. 우루크 사람들은 에리두 사람들과 동지로다. 우루크는 위대한 곳으로 부활하리라!"

엔키는 인안나에게 '메'를 모두 넘겨주고, 여신과 우루크를 축복하고 있었다.

06

닌슈부르, 유념해라

"여신은 저승을 향해 떠났고,
닌슈부르도 따라나섰다"

———————————— 그랬던 거였다. '메'의 새 주인은 인안나였다! '메'를 손에 넣은 여신은 엄연한 땅의 지배자였다. 그건 분명했다. '메'를 획득하기까지의 과정은 참으로 험난했다. 그리고 소매를 걷어붙이고 나선 일등공신은 남신인 동시에 여신이기도 한 그녀의 시종 닌슈부르였다. '메'의 전 주인 엔키는 역시 큰 신이었다. 그는 비록 세상에서 가장 귀중한 것을 여신에게 빼앗겼지만 새로운 지배자를 축복해주었다. 하여 그는 패자이면서도 여신의 영원한 웃어른으로 남게 되었다.

12

한 여신이 저승으로 향하고 있었다.

하늘의 여왕이 저승의 여왕에게 가고 있었다.

화려한 복장을 한 인안나가 저승으로 내려가고 있었다.

여왕이 여왕에게 가고 있었다.

그녀는 더는 하늘과 땅의 주인이 아니었고, 도시의 주인이 아니었고, 신전의 주인이 아니었고, 통치권과 대사제권의 주인이 아니었다. 그렇지만 여전히 '메'의 주인이었다. 인안나는 엔키에게서 물려받은 '메'의 목록에 들어 있던 저승으로 내려가는 법과 그곳에서 올라오는 법의 주인이었던 것이다.

저승 여행객의 손에는 '메의 알짜배기'가 들려 있었다. 저승을 접수할 차례였다. 여신은 그의 언니 에레쉬키갈이 지배하는 저승을 향해 보무도 당당하게 여행을 떠날 만했다. 닌슈부르도 따라나

12

하늘의 여왕 인안나가 오빠 우투 위로 날고 있다. 그 오른쪽에 물과 물고기를 대동한 엔키가 두 얼굴의 신 이시무드를 뒤에 두고 한쪽 다리를 들어올리며 자신의 위상을 뽐내고 있다. 문제는 인안나 뒤편의 신이 누구인가 하는 점이다. 혹자는 그가 엔릴이거나 또 다른 신이라고 하지만, 아무래도 자웅동체의 신 닌슈부르가 아닐까 싶다. 닌슈부르는 이시무드와 치열한 공방전을 벌이면서 '메'를 우루크로 안내한 일등공신이다. 이 유물을 제작한 작가는 왜 이런 식으로 인안나와 엔키를 대비한 걸까? 그러나 결국 인안나의 구세주는 엔키였다.

섰다. 성스러운 인안나가 시종에게 말했다.

"보라, 에안나 신전의 충직한 나의 시종, 올바른 말을 하는 나의 시종, 진실한 말을 하는 나의 호위자여, 그대에게 일러줄 말이 있다. 내 지시를 반드시 따라야 한다. 네게 긴히 할 말이 있다. 꼭 지켜야 할 말이다. 나는 지금 저승으로 내려갈 것이다. 내가 저승에 도착하면 너는 나를 위해 이미 황폐화되었지만 여전히 신성한 그 언덕 위에서 통곡해라. 나를 위해 신전에서 북을 쳐라. 나를 위해 신들의 신전을 돌아라. 너의 눈을 잡아 찢고, 너의 코를 긁어라. 사람들이 보는 앞에서 너의 귀를 할퀴고, 사람들이 볼 수 없는 곳에서 너의 엉덩이를 할퀴어라. 상거지처럼 옷을 단 한 벌만 걸치고, 혼자서 엔릴의 신전 에쿠르로 발걸음을 옮겨라. 엔릴의 신전 에쿠르로 들어가면, 엔릴 앞에서 슬퍼하며 말해라. '아버지 엔릴이여, 어느 누구도 당신의 딸을 저승에서 죽이지 않게 해주십시오. 당신의 귀한 금속이 저승의 먼지와 뒤섞이지 않게 해주십시오. 당신의 귀한 청금석이 그곳에서 석공의 돌로 깨지지 않게 해주십시오. 당신의 회양목이 그곳에서 목수의 나무로 쪼개지지 않게 해주십시오. 젊은 여인 인안나가 저승에서 죽임을 당하지 않게 해주십시오.' 이때 엔릴이 이 일을 돕지 않는다면 우르로 가거라. 우르에서, 수메르 땅의 생명이 움트는 집에서 네가 난나의 신전 에키쉬누갈로 들어가면, 난나 앞에서 슬퍼하며 말해라. '아버지 난나여, 어느 누구도 당신의 딸을 저승에서 죽이지 않게 해주십시오……'

난나가 이 일을 돕지 않는다면 에리두로 가거라. 에리두에서 엔키의 신전으로 들어가면, 엔키 앞에서 슬퍼하며 말해라. '아버지 엔키여, 어느 누구도 당신의 딸을 저승에서 죽이지 않게 해주십시오……'. 아버지 엔키는, 위대한 지혜의 주님은 생명초와 생명수를 알고 있다. 그분이야말로 내게 생명을 되찾아줄 존재이시다."

여신은 저승을 향해 떠났고, 닌슈부르도 따라나섰다.

"이제 가라, 나의 닌슈부르. 그리고 유념해라. 내가 너에게 내린 지시를 결코 간과하지 마라."

꽤나 이상한 일이었다. 자신이 저승에 도착하면, 시종은 통곡을 하고 북을 치고 신전을 뱅뱅 돌라는 말도 말이려니와, 눈과 코와 귀와 엉덩이까지 몸을 스스로 학대하라는 건 더더욱 그랬다. 눈을 잡아 찢는 행위는 얼굴을 잡아 할퀴는 일과 동일한 것이며, 코를 할퀴는 것은 입을 그렇게 하는 것과 동일한 것이었다. 그런 행위는 장례식에서 애도하는 몸동작이었다. 뿐만 아니라 여신은 시종에게 상거지처럼 옷을 단 한 벌만 걸치고, 엔릴과 난나와 엔키를 차례대로 방문하라는 묘한 주문까지 덧붙였다. 그들 중에서 엔키가 자신의 생명을 구해줄 거라는 여운까지 남기면서.

아직 저승에 도착한 것도 아니었다. 에레쉬키갈을 만난 것도 아니었다. '메'로 무장했고, 자신감도 넘쳤다. 버릴 건 버리고 챙길 건 챙겨서 당차게 출발한 여행길이었다. 이제 시작에 불과한 여정이었다. 그런데 어째서 처음부터 불길한 말만 골라서 하고 있단 말인가. 당초부터 그렇게 될 것을 확신하는 듯한 어조까지 풍기면서. 알 수 없는 노릇이었다.

아직 아무런 일도 벌어지지 않고 있었다. 아직 저승 입구에 다다르지 않았고, 아직 두려움에 떤 적도 없고, 아직 저승사자와 마주친 적도 없고, 아직 저승에서 풍기는 죽음의 기운을 느낀 적도 없고, 아직 저승의 여왕의 얼굴을 먼발치에서라도 본 적조차 없었다.

저승을 향해 발걸음을 옮겼지만 아직 저승 어디에도 눈도장을 찍지 않았고, '하늘의 여왕'이 저승으로 내려간다는 정보도 완벽할 만큼 극비에 부쳐져 있었다. 그러나 인안나는 자신이 저승에 내려가자마자 이내 곤경에 처할 것이며, 그 곤경은 죽음일 것이며, 그것은 생각보다 빨리 찾아올 것이며, 그렇게 되면 자신이 처한 상황을 어떤 식으로든 '웃어른들'에게 알려야 할 것이며, 그 역할을 할 존재는 오직 닌슈부르라는 것을 잘 알고 있었다. 그리고 그런 고난의 길은 처음부터 예정되어 있었다는 듯이, 장차 저승에서 벌어질 모든 일을 불 보듯 확연하게 꿰뚫고 있었다.

인안나는 자신이 저승에서 곤경에 빠지면 그의 시종 닌슈부르가 도움을 요청할 만한 신으로 엔릴과 난나, 그리고 엔키를 꼽았다. 왜 그랬을까? 우선 엔릴에게 고개를 돌려야 될 일이다.

엔릴은 천제 안의 아들이다. 그에게는 엔키라는 이복형제가 있었다. 안의 장자이자 서자인 엔키는 엔릴보다 먼저 지상으로 강림했다. 그는 땅을 개척하고, 늪지 위에 에리두라는 최초의 도시를 세웠다. 처음에는 엔키가 땅의 지배자였다. 생명력의 화신 엔키는 '창조자'라는 의미를 지닌 '누딤무드'라고도 불렸다.

안의 적자 엔릴도 하늘에서 내려왔다. 그가 내려오자, 엔키는 형제를 위해 라르싸라는 도시를 세웠다. 하지만 그곳은 엔릴이 살아갈 도시가 아니었다. 그의 최종 목적지는 니푸르였다. 엔릴은 임시로 머물던 라르싸를 떠나 니푸르에 자리를 잡고 세상을 다스리게 되었다. 니푸르는 온 땅에서 가장 위엄 있고 신성한 도시였다. 엔릴은 '누남니르', 말인즉 '신뢰할 만한 자'라고도 불렸다. 그는 신들의 총명한 재판관이자 고문관으로, 자신의 신전 에쿠르에서 세상을 내려다보고 있었다. 그곳은 신들이 급보를 받고 모여드는 곳이며, 신들의 회합이 열리는 곳이었다.

엔릴은 바람의 신이었다. 그로부터 한번 '입에서 나온 바람'은 신명이 되어 천지를 뒤흔들었다. 세상의 모든 자비와 저주가 그의 입에서 나왔다. 정말 위대한 신이었다. 이제부터는 엔릴의 세상이었다. 그는 안의 후계자가 되어 수메르 만신전에서 가장 강력한 신이 되었다. 엔릴의 신명은 하늘이 두 쪽 난다 해도 번복되는 일이 없었다. 세상에서 가장 높은 곳까지 도달하는 신명이었고, 가장 깊숙한 곳까지 파고드는 신명이었으며, 가장 거룩하고 존귀한 신명이었다. 그는 한번 쳐다보는 것만으로도 신들을 불안하게 만드는 막강한 신이었다. 땅의 모든 신은 아버지 엔릴에게 머리를 조아렸다. 신왕은 거룩한 옥좌에 여유롭게 앉아 있었다. 완벽한 권능이고, 완전한 왕자권이었다. 신들은 엔릴의 면전에서 허리를 굽히고 그의 준엄한 가르침에 충실히 복종할 뿐이었다.

인안나는 자신을 저승에서 구해줄 대상 중에 제1순위로 엔릴을 지목했다. 엔릴의 지위를 본다면 당연한 일이었다. 더군다나 인안나는 엔릴의 후손이었다.

인안나가 엔릴의 직계 후손이 된 사건이 있었다.

엔릴이 젊은 시절 벌인 애정행각이 있었다.

젊은 신들의 사랑놀이가 있었다.

07

엔릴, 장가들다

"아버지 엔릴, 그의 눈이 빛난다.
그가 너를 바라볼 것이다!"

——————————— 도시에서 일어난 사건이었다.

신의 도시에서 일어난 사건이었다.

신들의 제왕 엔릴이 살고 있는 도시에서 일어난 사건이었다.

니푸르에서 일어난 희대의 사건이었다.

니푸르는 하늘과 땅이 연결된 도시였고, 천상의 기운과 지상의
기운이 한데 어우러진 도시였고, 땅의 생명을 움켜쥔 도시였고, 신
들의 목을 조이는 도시였고, 함부로 망언을 늘어놓다가는 생명이
줄어드는 도시였고, 악의에 찬 말을 허락하지 않는 도시였다. 그곳
은 세상의 배꼽으로 속임수나 반목하는 언사, 적개심, 상스러운 말
과 행동, 학대, 부도덕, 범죄, 곁눈질, 폭행, 중상모략, 오만스런 행
동, 방자한 말투, 거만한 모습, 이기심 같은 가증스러운 것들이 허
용되지 않는 서슬이 시퍼런 도시였다. 도시의 경계에는 거대한 그
물이 쳐져 있었고, 도심에는 독수리가 사나운 발톱을 넓게 펼치고
있었으며, 도시 앞쪽은 소름 끼치는 공포와 광휘로 가득 차 있었
고, 도시 뒤편은 그 어떤 강력한 신도 공격할 수 없을 정도였다. 그
리고 도시의 심장부에는 서리 같은 비수의 칼날과 파멸의 칼날이
날카롭게 번쩍이고 있었다. 니푸르는, 반역의 땅에게는 덫이요 올
가미요 그물이었으며, 사악한 자나 부도덕한 자에게는 지체 없이
철퇴를 내리는 곳이었다.

니푸르는 '대추야자나무의 주거지', 두르기쉬님바르였다. 거기

7 엔릴, 장가들다

It should not surprise one, therefore, to learn that we still use botanical terms which first appeared in cuneiform records—that is, in the wedgelike script into which Mesopotamian writing developed (pages 52 and 53). Words like cassia, chicory, cumin, crocus, hyssop, myrrh, nard, and saffron are all borrowed from Mesopotamia.*

Among the other fields of culture which writing helped to promote or stimulate are linguistics, mathematics and astronomy, law, and literature (page 49).

The study of language was a subject of immediate practical importance to Mesopotamian society because the cultured stratum of that society had to be bilingual. Together with the vernacular Akkadian one had to be versed in the totally dissimilar Sumerian.

To meet this need, local scholars had produced by the end of the third millennium such seemingly modern manuals as grammars, lexicons, and commentaries; they compiled numerous bilingual

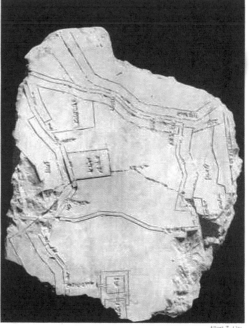

Albert T. Clay

Builders of Ancient Nippur Had a Clay Blueprint to Guide Them

Nippur was the religious and scientific center of ancient Babylonia. From its libraries, which were uncovered by the Museum of the University of Pennsylvania half a century ago, have come collections of religious, literary, and historical masterpieces, as well as elaborate grammars and dictionaries. Small wonder, therefore, that building, too, proceeded according to careful plans. This city map was first published by H. V. Hilprecht in 1904.

13

1951년 1월 《내셔널 지오그래픽》에 실린 엔릴의 성도 니푸르의 지도. 이 기사의 제목은 '고대 메소포타미아: 빛은 꺼지지 않았다'이다. 지도에 붙은 제목은 '고대 니푸르의 건설자들은 사람들을 안내할 점토로 만든 청사진을 갖고 있었다'이며, 이 지도는 1904년에 처음으로 알려졌다는 내용도 적고 있다. 지도 하단 중앙 부분의 사각형 모양 안에 있는 것이 엔릴의 신전인 에쿠르다.

에 삶이 있었다. 니푸르를 관통하는 신성한 강이 있었다. 이드살라였다. 에쿠르 근처에는 부두가 있었다. 카르게쉬티나였다. 배를 잡아매는 선창이 있었다. 카르아사르였다. 에쿠르 뜰 안에는 꿀 같은 물이 나오는 우물도 있었다. 푸랄이었다. 에쿠르 북서쪽에는 니푸르 성(城) 밖으로 빠져나가는 물길이 있었다. 이드눈비이르툼이라는 운하였다. 그곳에는 사방으로 50샤르(50×35.28제곱미터)나 되는 경작지도 있었다.

엔릴은 청년들 가운데 하나였고, 닌릴은 처녀들 가운데 하나였다. 처녀의 어머니 눈바르쉐구누는 세상살이의 지혜를 잔뜩 걸친 나이 든 여인네들 가운데 하나였다. 눈바르쉐구누는 딸에게 조언을 했다.

"여자여, 강은 신성하다. 그곳에서 목욕을 하지 마라! 닌릴, 이드눈비이르툼 운하의 강둑을 따라 걷지 마라! 그의 눈이 빛난다. 주님의 눈이 빛난다. 그가 너를 바라볼 것이다! 큰 산, 아버지 엔릴, 그의 눈이 빛난다. 그가 너를 바라볼 것이다! 모든 운명을 결정하는 목자, 그의 눈이 빛난다. 그가 너를 바라볼 것이다! 그는 곧바로 너와 잠자리를 같이하자고 할 것이고, 너와 입을 맞추자고 할 것이다. 그는 기쁨에 겨워 원기 왕성한 정액을 자궁에 쏟아부을 것이다. 그러고 나면 그는 너를 떠날 것이다."

한 여자가 강에서 목욕을 하고 있었다. 그때 이드눈비이르툼 운하의 강둑을 걷고 있던 엔릴의 눈이 빛나고 있었다. 그는 처녀를 바라보았다. 큰 산, 아버지 엔릴의 눈은 이글거렸다. 그는 처녀를 주시하고 있었다. 모든 운명을 결정하는 목자는 이글거리는 눈동자로 처녀를 뚫어지게 바라보았다. 그가 여자에게 말을 걸었다.

"너와 동침하고 싶다."

청년은 처녀의 허락을 받아내지 못했다.

"너와 입을 맞추고 싶다."

청년은 처녀를 설득하지 못했다.

"제 음문의 길은 좁습니다. 아직 임신을 모릅니다. 제 입술은 작습니다. 아직 입맞춤을 알지 못합니다. 제 어머니가 이 사실을 아시게 되면 제 손바닥을 내려치실 겁니다. 제 아버지가 아시게 되면 절 때리실 겁니다. 하지만 이젠 제가 여자 친구들에게 이 일을 말하지 못하게 막을 사람은 아무도 없습니다."

누스카, 엔릴에게는 누스카가 있었다. 에쿠르를 지키는 그의 시종이었다. 엔릴이 누스카를 불렀다.

"누스카, 내 시종장!"

"예, 대령해 있습니다. 무엇이든 분부만 하십시오."

"에쿠르의 도편수!"

"주군, 여기 있사옵니다."

"그처럼 아름답고, 그처럼 밝은, 닌릴처럼 아름답고 닌릴처럼 밝
은 처녀와 함께 누워본 사람이 있었느냐? 그런 처녀와 입을 맞춰
본 사람이 있었느냐?"

시종은 바로 말귀를 알아듣고 주군을 배로 안내했다. 누스카는 14
작은 배의 밧줄을 당겨 엔릴을 큰 배로 이끌었다. 엔릴은 어느새
하류로 떠내려가고 있었다. 그는 정말로 처녀와 잠자리를 가졌고,
정말로 입맞춤을 했다. 배는 떠내려가고 있었고, 처녀를 끌어당겼
고, 잠자리를 가졌고, 입맞춤을 했다. 정말로! 엔릴은 처녀와 작은
강둑 위에 누워 있었다.

정말로 몸을 섞었고, 정말로 입을 맞추었다.

정말, 정말이었다.

이런 단 한 번의 잠자리와 단 한 번의 입맞춤으로, 엔릴은 '쑤엔
의 물'을 처녀의 자궁에 뿌렸다. 그것은 쑤엔의 물이었고, 난나의
물이었다. '외롭지만 떠돌면서 빛을 내는 쑤엔', 그는 쑤엔아쉬임
밥바르였다. 그들의 첫째 아들 쑤엔은 달의 신 난나였다. 15

엔릴은 처녀와 '그 일'이 있은 후에 자신의 신전 에쿠르로 돌아

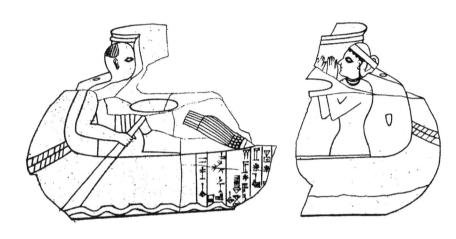

14

1912년 출간된 《비스미야 또는 아답의 잃어버린 도시》를 읽다가 발견한 귀한 그림 한 장. 단지의 표면에 그려진 것으로, 남녀 간의 뱃놀이 장면이다. 민머리의 남자가 노를 젓고 있고, 그 앞에는 그의 아내로 보이는 여성이 상대방에 대한 존경심의 표시로 두 손을 들고 앉아 있다. 남녀의 외양으로 보아 엔릴과 닌릴 같은 신이 아닌 인간의 뱃놀이를 그린 것이 분명하다. 남녀가 뱃놀이를 할 때 보면 대부분 남자가 노를 젓는데, 수메르인도 역시 그랬다. 그리고 엔릴도 그랬을 것이다!

15

달의 신 난나는 엔릴과 닌릴의 뱃놀이로 태어난 그들의 장남이며, 태양의 신 우투와 하늘
의 여왕 인안나의 아버지다. 그는 셈어로 '씬'이라고 불렸다. 사진은 우르 3왕조의 첫 번째
왕이었던 우르-남무(우르-남마)가 난나에게 제물을 바치는 장면이다. 우르-남무는 안과
엔릴의 이름으로 왕위에 올랐고, 난나의 대리인으로 지배자가 되었다. 그렇게 난나는 우
르의 신이 된 것이다.

왔다. 그는 에쿠르 앞뜰에 있는 자신의 집무실 키우르에서 서성거리고 있었다. 그때, 오십의 큰 신과 운명을 정하는 일곱 신이 엔릴을 강간범으로 체포했다.

"엔릴, 성적으로 부도덕한 자, 도시를 떠나라! 누남니르, 성적으로 부도덕한 자, 도시를 떠나라!"

'강간범' 엔릴은 신들이 냉정하게 결정한 그대로, '신뢰할 만한 자, 누남니르'라고 불리던 엔릴은 결정된 그대로 떠나야 했다. 닌릴이 그를 따라갔다. 누남니르는 떠났고, 젊은 여자가 그를 따라갔다. 귀양길에 오른 엔릴이 성문에서 한 남자에게 말했다.

"도성 문지기, 관문을 지키는 자, 빗장을 거는 자, 거룩한 도성 문지기. 너의 여주인 닌릴이 와서 나에 대해 물어보면, 내가 있는 장소를 말하지 마라!"

어느덧, 엔릴을 따라오던 닌릴이 도성 문지기에게 말을 붙였다.

"도성 문지기, 관문을 지키는 자, 빗장을 거는 자, 거룩한 도성 문지기. 너의 주군 엔릴이 어디로 갔느냐?"

닌릴이 묻자, 엔릴이 도성 문지기인 것처럼 행세하며 답했다.

"오, 가장 아름다운 이여, 제 주군은 저와 아무 말도 나누지 않았습니다. 오, 가장 아름다운 이여, 엔릴은 저와 아무 말도 나누지 않았습니다."

"내 목적을 분명히 하고, 내 뜻을 설명하겠다. 너는 비어 있는 내 자궁을 채울 수 있다. 모든 땅의 주님 엔릴이 나와 잠자리를 가졌다. 엔릴이 너의 주군인 것처럼 나는 너의 여주인이다."

"당신이 나의 여주인이라면 내가 당신의 불두덩에 손을 대게 해 주십시오."

"네 주군의 물, 빛나는 물이 내 자궁 안에 있다. 쑤엔의 물, 빛나는 물이 내 자궁 안에 있다."

"내 주군의 물은 하늘로 오를 수 있습니다. 저의 물은 아래로 갈 것입니다. 저의 물은 아래로 갈 것입니다, 제 주군의 물 대신."

도성 문지기로 변장한 엔릴은 여자와 침실에 누웠다. 거기에서 몸을 섞었고, 거기에서 입을 맞췄다. 이런 단 한 번의 잠자리와 단 한 번의 입맞춤으로, 엔릴은 '네르갈의 물'을 닌릴의 자궁에 뿌렸다. 그것은 메스람타에아의 물이었고, 네르갈의 물이었다. '기쁨에서 자라난 젊은이', 메스람타에아였다. 그들의 둘째 아들 메스람타에아는 저승의 신 네르갈이었다. 16

일을 치르고 난 후, 엔릴은 다시 길을 떠났다. 닌릴이 따라갔다. 누남니르는 떠났고, 젊은 여자가 그를 따라갔다. 엔릴은 저승의

16

도성 문지기로 변장한 엔릴과 닌릴이 낳은 네르갈은 전쟁의 신이자 무시무시한 살인귀로 저승의 신이다. 저승의 여왕 에레쉬키갈의 남편은 본디 구갈안나였으나, 그는 길가메쉬와 엔키두에 의해 제거되었다. 그 후 에레쉬키갈은 천계에서 저승으로 귀양살이를 하러 온 네르갈에게 홀딱 반해버린다. 결국 두 신은 부부가 되어 함께 저승을 지배한다.

강, 이드쿠르라를 지키는 사람에게 다가갔다. 그는 사람을 먹는 강의 사람이었다.

"이드쿠르라의 사람아, 사람을 먹는 강의 사람아. 너의 여주인 닌릴이 와서 나에 대해 물어보면, 내가 있는 장소를 말하지 마라."

닌릴이 이드쿠르라의 사람에게, 사람을 먹는 강의 사람에게 다가서고 있었다.

"이드쿠르라의 사람아, 사람을 먹는 강의 사람아. 너의 주군 엔릴이 어디로 갔느냐?"

여자가 물었을 때, 엔릴이 이드쿠르라의 사람인 것처럼 행세하며, 도성 문지기로 변장해서 그랬던 것처럼, 같은 질문에 같은 답변을 능청맞게 늘어놓았다. 이드쿠르라의 사람으로 완벽하게 자신을 숨긴 엔릴은 여자와 침실에 누웠다. 거기에서 몸을 섞었고, 거기에서 입을 맞추었다. 이런 단 한 번의 잠자리와 단 한 번의 입맞춤으로, 엔릴은 '닌아주의 물'을 닌릴의 자궁에 뿌렸다. 그것은 저승의 신, 닌아주의 물이었다. 물을 아는 신, 닌아주였다. 그들의 셋째 아들 닌아주는 측량의 신이었다.

또다시 엔릴은 떠났다. 닌릴이 따라갔다. 누남니르는 떠났고, 젊은 여자가 그를 따라갔다. 엔릴은 나룻배 사공 시루이기에게 다가 갔다.

"시루이기, 나룻배 사공. 너의 여주인 닌릴이 와서 나에 대해 물어보면, 내가 있는 장소를 말하지 마라."

닌릴이 나룻배 사공에게 다가서고 있었다.

"나룻배 사공. 너의 주군 엔릴이 어디로 갔느냐?"

여자가 물었을 때, 이번에도 엔릴이 시루이기로 변장하여, 앞서와 같은 질문에 같은 대답을 했다. 나룻배 사공으로 모습을 바꾼 엔릴은 여자와 침실에 누웠다. 거기에서 몸을 섞고, 거기에서 입을 맞추었다. 이런 단 한 번의 잠자리와 단 한 번의 입맞춤으로, 엔릴은 엔비루루의 물을 닌릴의 자궁에 뿌렸다. 그것은 수로의 신 엔비루루의 물이었다. 엔비루루, 운하 감독관이었다. 그들의 넷째 아들 엔비루루는 강의 신이었다.

엔릴의 사랑놀이는 이것으로 막을 내렸다. 그의 변장술은 더는 없었다. 엔릴은 이 사건으로 신들의 탄핵을 받았으나 종국에는 용서되고, 처녀는 엔릴의 정식 부인이 되었다. 처녀에게 새로 붙여진 호칭은 닌릴이었다. 그녀는 '바람의 여주'가 되었다.

엔릴과 닌릴이 벌인 애정행각에 대해서는 이런 이야기도 있다.
닌릴은 에쿠르의 여주인이 되기 전에는 그렇게 유명하지 않았다.
닌릴은 원래 처녀 '쑤드'였다. 엔릴은 쑤드에게 반하지만, 처녀의
반응은 냉담하기만 했다. 엔릴은 조급해져서 그의 시종 누스카를
처녀의 어머니에게 보내 설득하게 했다. 엔릴과 처녀의 어머니가
합심했고, 쑤드는 엔릴의 당당한 부인이 되어 에쿠르로 입성할 자
격을 얻었다.

"지금부터, 쑤드, 엔릴은 왕이고 닌릴은 여왕이다. 이름도 없던
여신이 이제 유명한 이름을 갖게 되었다."

신들의 제왕 엔릴은 처녀와 벌인 '뱃놀이' 사건을 필두로, 가면
을 여러 번 바꿔가며 귀신같은 변장술을 연달아 발휘해 자식들을
줄줄이 낳았다.[20] 세 자식 중에 뱃놀이로 얻은 첫째 아들이 난나
였다. 인안나는 바로 이 난나의 딸이다. 그래서 인안나가 저승으로
떠나면서 닌슈부르에게 지시한 그 청탁의 제2순위가 난나였던 거

---

20) 엔릴은 도성 문지기, 저승의 강을 지키는 자, 나룻배 사공으로 세 번이나 변장하여
     처녀와 다시 관계를 맺고, 둘 사이에 네르갈, 닌아주, 엔비루루가 태어난다. 모두 저
     승의 신이다. 종래에는 엔릴이 사면되어 그 처자에게 장가를 가고 아버지가 되니, 닌
     릴이 비로소 엔릴의 신전 에쿠르로 들어와 여주인 행세를 할 자격을 얻는다. 이는 단
     순히 젊은이들의 사랑놀이가 아니라, 엔릴이 여러 저승 신의 아버지가 되어 저승으
     로까지 지배 영역을 확장한다는 의미도 내포하고 있다. 또 엔릴의 변장술은 원시시
     대의 종교의식이나 민속의식에서 유래했다는 가면극의 효시로 간주할 수도 있다.

17

니푸르에서 출토되어 펜실베이니아대학박물관에 소장된 이 점토판은 엔릴과 닌릴이 난나와 네르갈, 닌아주, 엔비루루를 탄생시킨 신화를 기록하고 있다.

다! 공교롭게도 난나는 인안나의 아버지이자 저승의 여왕 에레쉬키갈의 아버지였다.

　과연 엔릴이 인안나의 청탁을 받아들일 수 있었을까? 에레쉬키갈이 저승을 차지한 것은 큰 신들의 뜻이었다. 만일 인안나가 저승까지 차지하게 된다면, 가뜩이나 도도하기 이를 데 없는 여신의 권력 행사를 막아내기는 힘들어질 것이다. 난나의 경우도 그렇다. 두 딸이 싸우는 꼴을 보기도 싫을 뿐만 아니라, 인안나가 만신전의 웃어른들을 제쳐두고 저승의 신성한 권한까지 쟁취하는 것은 용납할 수 없는 노릇이 아닌가. 엔릴과 난나가 인안나의 심부름꾼 닌슈부르를 냉대하리라는 것은 불을 보듯 분명해 보였다. 인안나는 형식적으로나마 뒤탈을 생각해서 할아버지와 아버지를 거치는 과정이 필요했을지도 모른다. 그래서였는지 그녀는 그들이 닌슈부르의 청을 '당치 않다'며 거절하리라고 예상하고 있었다. 이래저래 여신은 제3의 인물을 찾아내야 하는 상황이었다.

　인안나가 청탁의 대상 제3순위로 엔키를 선택한 것은 어찌 보면 당연한 일이었다. 엔릴이 닌릴과 합방하여 난나와 네르갈, 닌아주, 엔비루루를 낳았으니, 인안나의 친가 쪽에도 능력 있는 신이 여럿 있었다. 거기에다 태양의 신 우투는 여신의 오빠였다. 그러나 인안나의 '메'는 누가 주었단 말인가. 저승으로 가면서 유일하게 챙길 수 있었던 무기, 사지로 떠나는 여신의 유일한 희망, 그것은 엔키가 준 바로 그 '메'가 아니었던가. 혹시라도 엔릴과 난나가 고개를 돌린다면 실상 엔키만이 단 하나의 대안이었다.

그녀가 엔키를 선택한 이유는 더 있었다. 엔키는 인안나의 시아버지였다. 인안나의 정식 남편은 두무지였고, 두무지의 아버지가 바로 엔키였다. 이쯤에서 인안나의 가계도는 더 복잡해진다. 인안나의 아버지는 난나였고, 난나의 부인은 닌갈이었다. 그리고 인안나의 어머니 닌갈은 엔키의 딸이었다.

옛날에 엔키가 건설한 에리두에는 '갈대밭과 습지의 여신'이라고 불린 닌기쿠가가 있었다. 엔키와 닌기쿠가의 딸이 바로 인안나의 어머니 닌갈이었다. 그렇게 놓고 보면, 인안나의 친가는 엔릴 쪽이고, 외가는 엔키 쪽이었다.

결정적으로 인안나가 엔키를 선택한 이유는 따로 있었다. 자신의 시종 닌슈부르의 눈물 어린 하소연을 듣고 죽음의 늪에서 자신을 구해낼 수 있는 신, 자비로운 구세주, 생명초와 생명수의 주인, 그가 바로 엔키였다! 엔키는 인안나에게 '메'를 전부 '빼앗기다시피' 넘겨주었으면서도 여신의 앞날을 축복해준 큰 신이었다. 그런 만큼 엔키에 대한 인안나의 믿음은 절대적이었다.

저승으로 떠난 인안나 앞에 놓인 운명은 장차 어떤 장난을 칠 것인가.

08

인안나, 시치미를 떼다

"당신이 인안나라면,

어찌하여 돌아올 수 없는 땅으로

여행하려 하는 것입니까?"

──────────── 사전에 철저한 준비 없이 떠나는 장거리 여행은 위험한 법이다. 어디에선가 도사리고 있던 위험이 느닷없이 나타나면 여행자는 혼란에 빠지기 십상이다. 저승으로 가는 여행길이었다. 그러한 만큼 만반의 준비를 했고, 최악의 경우를 위한 대비책도 있었다. 그곳에서 벌어질지도 모를 '가장 불행한 사건'을 해결해줄 신들까지도 점찍어 놓았으니까.

마침내 인안나는 저승의 입구에 도착했다. 그녀는 간제르[21] 궁전에 다다라서 저승의 문을 거칠게 밀었고, 문을 향해 세차게 소리를 질렀다. **18**

"문을 열어라, 문지기. 문을 열어라, 문을 열어. 네티, 문을 열란 말이다. 나 혼자만 와 있다. 들어가고 싶다."

저승의 수문장 네티가 거룩한 인안나에게 대답했다.

"당신은 누구십니까?"
"나는 인안나다. 해가 뜨는 쪽으로 가려 한다."

---

21) '땅·저승·저승 입구'라는 의미로 쓰인 '간제르(ganzer)'는 수메르 점토판에서 쉽게 찾아볼 수 없는 희귀한 단어다. 〈길가메쉬와 엔키두의 저승 여행〉과 〈인안나의 저승 여행기〉에서 서너 번 정도만 확인할 수 있다. 앞에서 필경사가 저승을 뜻하는 일반적인 단어 '쿠르' 대신 '키갈(큰 땅)'을 사용한 이유와 같다.

18

신과 괴물, 그리고 가장 왜소해 보이는 인간이 산(山)과 함께 표현된 원통형 인장을 재구성한 그림이다. 이것이 무엇을 의미하는지는 불확실하다. 그러나 중앙에 보이는 여신은 인안나로 생각되며, 등장인물의 배경을 차지하고 있는 좌우의 산들은 수메르 북동쪽의 거대한 자그로스산맥일 것이다. 수메르어의 '쿠르(kur)'가 '산'이면서 '저승', 그리고 '동쪽'이라는 뜻도 함께 갖고 있다는 점을 고려해본다면, 인장의 제작자는 저승의 입구를 새기고 싶었던 게 아닐까.

"당신이 인안나라면, 그리고 해가 뜨는 쪽으로 가려고 한다면, 어찌하여 돌아올 수 없는 땅으로 여행하려 하는 것입니까? 어찌하여 여행자들이 결코 다시 돌아올 수 없는 길을 선택하였느냔 말입니다."

"나의 언니인 성스러운 에레쉬키갈의 남편, 구갈안나가 죽었기 때문이다. 그의 장례식을 보러 왔고, 제사상에 술을 따르러 온 것이다. 그래서 왔다."

"인안나, 여기서 기다리십시오. 내 여주에게 전하겠습니다. 내 여주 에레쉬키갈에게 당신이 한 말을 전하겠습니다."

저승의 수문장 네티는 에레쉬키갈에게 고했다.

"내 여주여, 어느 젊은 여인이 바깥에 와 있습니다. 당신의 동생 인안나입니다. 그녀는 간제르 궁전에 도착했습니다. 그러더니 저승의 문을 거칠게 밀며 문을 향해 세차게 소리를 질렀습니다. 그녀는 에안나를 버리고 저승으로 내려왔습니다. 하지만 일곱 개의 '신령스러운 힘'을 가지고 왔습니다. '후광'을 모아 손에 쥐고 있습니다. 무엇보다도 좋은 신성한 힘을 지니고 온 것입니다. 그녀는 머리에 '사막의 왕관'을 쓰고 있습니다. 이마에는 가발을 걸쳤고, 목에는 작은 청금석 목걸이를 걸고 있습니다. 게다가 가슴에는 달걀 모양의 구슬 한 쌍을 달았습니다. 몸은 여왕의 권위를 나타내는 제복 '팔라'로 둘렀으며, 눈에는 '남자여, 이리 오세요, 오세요'라고 불리는 유혹의 화장을 했습니다. 그것으로 끝이 아닙니다. '남자여, 오세요, 오세요'라고 불리는 유혹의 가슴 장식을 달고 있고, 손목에는 금팔찌를 끼고 있으며, 손에는 청금석으로 된 자막대기와 줄자까지 쥐고 있습니다."

이 말을 들은 에레쉬키갈은 자신의 넓적다리 바깥쪽을 찰싹 때렸다. 저승의 여신은 입술을 깨물었다. 화가 치밀어올라 심장을 건드리고 있었다.

"네티, 저승의 내 수문장, 너에게 내리는 지시이니 명심해라. 저승의 일곱 대문의 빗장을 질러두어라. 간제르 궁전의 문들이 따로따로 열리게 해라. 그녀가 문을 하나씩 밀고 들어오면, 웅크리고 있는 그녀의 옷을 벗겨내고 내게 데려오도록 해라."

저승이었다.
죽은 자들의 땅이었다.
돌이킬 수 없는 운명의 땅이었다.
한번 강을 건너면 다시는 돌아올 수 없는 형벌의 땅이었다.
저승의 음산한 기운이 서서히 인안나에게 닥치고 있었다.

인안나가 네티에게 여행 목적이랍시고 한 말은 속에 없는 소리였다. 하늘의 여왕은 궁색한 변명을 하고 있었다. 아니, 변명이 아니라 거짓말을 하고 있었다. 아니, 거짓말이라기보다는 어쩔 수 없어서 말을 돌려 하는 것이었다. 인안나의 입장에서 보면, 저승으로 들어가기도 전에 자신의 목적이 들통난다는 건 생각하기도 싫은 일이었을 것이다. 아니, 끔찍한 일이었을 것이다. 여신은 구갈안나의 장례식을 구실로 내세워 그렇듯 시치미를 뚝 떼고 있었다.

구갈안나의 죽음은 인안나가 우루크의 왕 길가메쉬를 일방적으로 사랑하게 된 일로부터 시작된 것이었다. '하늘의 큰 황소' 구갈안나가 죽게 된 자초지종을 들어보면, 여신이 네티 앞에서 둘러댄 말이 얼마나 뻔뻔한 것이었는지 잘 알게 되리라. 19

길가메쉬와 그의 시종 엔키두가 영원히 이름을 날리기 위해 삼목산으로 원정을 떠났다. 둘은 그곳에서 엔릴의 산지기 신 후와와를 죽였다. 그들은 피 말리는 산행에서 무사히 우루크로 돌아왔다. 왕은 더러워진 옷을 벗어던지고 제왕다운 복장을 갖추어 입었다. 아름답고 거룩한 젊은이였다. 그가 여행의 독을 털어내고 머리에 다시 왕관을 썼을 때, 한 여신이 젊은 왕의 매력에 눈을 떼지 못하고 있었다. 인안나였다. 그녀가 왕을 유혹했다.

"길가메쉬여, 그대는 내 남편이 될 것이니, 그대가 가진 육체의 아름다움을 내게 주세요. 그대는 내 남편이 될 것이며 나는 그대의 아내가 될 거예요. 나는 그대를 위해 청금석과 금으로 만든 전차를 드릴게요."

19

길가메쉬와 엔키두가 하늘의 큰 황소 구갈안나를 죽이는 동안 인안나는 높은 제단 위에서
벌거벗은 채로 한쪽 무릎을 꿇은 남자와 여자의 경배를 받고 있다. 하지만 여신의 얼굴은
왠지 분노에 휩싸여 있는 듯 보인다.

"흥, 당신과 결혼한다면 내가 당신에게 무엇을 주어야 할지 모르겠군, 그래! …… 내가 만일 당신과 결혼한다면 어떤 신세가 될까? 날씨가 추워지면 당신은 나를 헌신짝처럼 버리겠지? …… 당신이 신랑으로 삼은 자들 중에 영원히 남아 있는 자가 어디에 있을까? 당신을 오랫동안 만족시켜주었던 당신의 영웅들은 모두 어디로 갔을까? …… 그리고 이제 내 차례란 말이지. 지금 당신이 사랑하는 대상은 나니까, 당신이 그들에게 대했던 것처럼 내게도 그런 운명을 정해주겠지!"

왕은 비아냥거렸다. 여신은 듣다못해 성이 날 대로 나서 하늘로 올라갔다. 그것은 참기 힘든 모욕이었다. 그녀는 하늘에 계신 신들의 아버지 안에게 투정을 부렸다.

"저에게 하늘의 큰 황소를 주세요. 그러면 길가메쉬를 없애버릴 수 있어요. 만일 하늘의 큰 황소를 제게 주지 않으신다면 지하세계로 내려가서 저승의 문을 부숴버리겠어요. 문기둥을 때려 부수고, 문을 아예 납작하게 깔아뭉개고, 죽은 사람을 일으켜서 산 사람을 먹게 하겠어요. 그렇게 되면 죽은 사람이 산 사람보다 많아지게 될 거예요!"

천제는 그녀의 뜻을 꺾어보려 했으나 여의치 않았다. 그는 하는 수 없이 여신에게 하늘의 큰 황소를 내주었다. 구갈안나였다. 인안나는 그를 몰고 우루크로 내려왔다. 하늘의 큰 황소는 우루크에서 무서운 힘을 발휘했다. 그랬지만 엔키두가 구갈안나의 꼬리를 붙잡고 있을 때, 길가메쉬가 죽음의 운명이 붙은 칼날을 구갈안나의 거대한 몸속으로 깊숙이 꽂아버렸다.

　인안나가 저승으로 내려온 이유로 구갈안나의 장례식 참석을 댄 것은 그럴듯했다. 그렇지만 정작 그의 죽음을 몰고 온 장본인이 누구였던가. 길가메쉬와 엔키두가 그를 죽였지만, 에레쉬키갈의 남편을 죽게 만든 근본적인 이유는 인안나의 기질 때문이었다. 멋진 남성을 보면 참지 못하는 사랑의 병 때문이었다. 저승으로 내려온 변명은 그럴싸했지만, 여신의 앞날은 여전히 어두운 장막에 가려져 있었다.

09

인안나, 죽었다 살아나다

"생명초를 60번 던졌고,
생명수를 60번 뿌렸다.
그리고 인안나가 일어났다!"

──────────────── 저승의 수문장 네티는 에레쉬키갈의 지시사항을 그대로 실행했다. 그는 저승의 일곱 대문의 빗장을 전부 걸어두었다. 인안나가 간제르 궁전 문을 하나씩 밀고 들어오도록 하려는 의도였다.

"자, 이제, 인안나, 들어오시지요."

여신이 첫 번째 대문으로 들어갔을 때, 그녀의 머리에서 '사막의 왕관'이 벗겨졌다.

"이게 무슨 짓이냐?"
"조용히 하십시오, 인안나. 저승의 신성한 권능은 완벽합니다. 인안나, 저승의 의식에 대해서 절대로 입을 열어서는 안 됩니다."

인안나에게 고통은 계속되었다. 두 번째 대문을 열고 들어왔을 때는 작은 청금석으로 된 목걸이를 빼앗겼고, 세 번째 대문에서는 가슴에 단 달걀 모양의 구슬 한 쌍을, 네 번째 대문에서는 '남자여, 오세요, 오세요'라고 불리는 유혹의 가슴 장식을, 다섯 번째 대문에서는 손목의 금팔찌를, 여섯 번째 대문에서는 청금석으로 된 자막대기와 줄자를, 일곱 번째 대문에서는 여왕의 권위를 나타내는 제복 '팔라'를 빼앗겼다. 그럴 적마다 네티는 저승의 신성한 권능은 완벽하다는 점을 강조했고, 저승의 거룩한 의식에 대해서 절대

20

저승의 수문장 네티가 '저승의 제의는 완전하다'고 인안나에게 경고하고, 인안나의 행장
이 제거되는 장면을 기록한 점토서판 사본이다.

로 입을 놀리지 말라고 충고했다.

인안나는 웅크리고 있었다. 그러고 있는 동안 누군가가 그녀의 옷을 벗겨냈고, 에레쉬키갈에게 데려갔다. 그때, 에레쉬키갈이 자리를 박차고 벌떡 일어났다. 그러자마자 인안나가 그 옥좌에 얼른 앉아버렸다.

아눈나 신들, 일곱 재판관이 인안나를 심판하려 하고 있었다. 그들은 그녀를 바라보았다. 죽음의 눈길이었다. 그들은 그녀에게 말했다. 노여운 말투였다. 그들은 그녀에게 소리를 질렀다. 중죄를 내리겠다는 일갈이었다.

고통에 빠져 있던 여신은 '몰매 맞은 고깃덩어리'로 변해버렸다. 그것은 나무못에 걸려 있었다. 송장이었다!

비참한 일이었다. 명색이 하늘의 여왕이었다. 수메르 땅의 도시와 신전을 떡 주무르듯 하던 여신이었다. 비극이었다. 어찌하여 인안나가 이런 꼴로 수모를 당한단 말인가. 엔키에게서 획득한 '메'도 소용없었다. 저승을 너무 쉽게 접수하려고 한 것일까. 저승! 숨이 멈추는 순간 누구나 가야 하는 곳이다. 생명을 가진 자라면 언젠가는 목숨이 끊어지는 날이 오게 마련이 아니던가. 하지만 인안나는 신이었다. 그것도 천계의 주인 안의 직계로, 신들의 제왕 엔릴의 손녀였다. 혹여 그녀가 에레쉬키갈의 옥좌를 탐내지만 않았더라면 그런 일은 없지 않았을까. 그러나 저승에서는 방문객이 지켜야 하는 법칙이 있었다.

저승의 법칙을 지키지 않은 오만방자한 인간이 있었다. 길가메쉬의 시종이자 친구이며 형제인 엔키두였다. 어느 날, 왕이 만든 북과 북채가 저승으로 떨어졌다. 그것들은 왕권의 상징과 같은 매우 귀한 물건들이었다. 엔키두는 왕이자 친구인 길가메쉬를 돕고 싶었다.

"나의 왕이시여, 당신은 눈물을 흘립니다. 무슨 이유로 당신 속을 태우십니까? 오늘 제가 저승에서 당신의 북을 되찾아오겠습니다. 제가 간제르에서 당신의 북채를 되찾아오겠습니다!"

"만일 오늘 네가 저승으로 내려간다면, 내가 충고하겠다! 내 가르침을 반드시 따라야 한다. 내가 네게 말하겠다. 내 말을 따라야 한다! 말끔한 옷을 입지 마라. 그들이 즉각 네가 이방인이라는 걸 눈치챌 것이다. 네 몸에 질 좋은 기름을 단지째로 붓지 마라. 그들이 너의 냄새를 맡고 에워쌀 것이다. 창을 저승으로 세게 던지지 마라. 창에 찔려 쓰러진 사람들이 너를 에워쌀 것이다. 산딸나무 막대기를 손에 들지 마라. 정령들이 네게 모욕당하고 있다고 느낄 것이다. 샌들을 신지 마라. 저승에서 큰 소리 내지 마라. 사랑하는 아내와 입을 맞추지 마라. 아무리 네 아내 때문에 화가 나더라도 손찌검하지 마라. 사랑하는 자식과 입을 맞추지 마라. 아무리 네 자식 때문에 화가 나더라도 손찌검하지 마라. 그로 인해 일어나는 울부짖음은 너를 저승에 갇히게 할 것이다. 그곳에 누워 있는 에레쉬키갈의 고결한 어깨는 옷을 두르지 않고, 어떤 천도 그 신의 순결한 가슴을 덮지 않는다. 그 신은 곡괭이 같은 손가락으로 부추 같은 자신의 머리카락을 잡아 뜯는다."

엔키두는 왕의 말에 전혀 개의치 않았다. 그리고 왕이 경고한 내용을 귓등으로 흘려보내고 모두 어겼다. 그는 저승에 붙잡혀서 죽었다. 저승으로 가는 자는 절대로 화려한 복장을 하면 안 되었고, 이승에서 맺은 귀한 인연에 연연해서도 안 되었으며, 이쪽을 버리고 저쪽으로 가는 순간만큼은 지극히 겸손해야 했다. 엔키두는 이것들을 어기고 말았다.

그렇다면 인안나는 어땠는가. 저승을 탐내어 기고만장한 모습으로 길을 나서지 않았는가. 인간이 아닌 신이었지만, 언니의 자리마저 움켜쥐려는 욕망이 너무 크지 않았는가. 설령 그렇다손 치더라도 나무못에 걸리는 송장이 될 정도였는가. 땅의 기득권을 버리고 저승의 지혜를 얻고자 한 그녀의 심보가 그리도 고약한 일이었는가. '완벽한 신'이 되기 위한 수순을 밟는 일은 결코 만만치 않았다. 지혜는커녕 오히려 죽음의 수렁에 빠져 있었다.

그녀의 주검은 그렇게 삼일 낮 삼일 밤을 보내고 있었다. 그럴 즈음, 인안나의 시종 닌슈부르가 주군의 말을 상기했다. 그는 이미 황폐화되었지만 아직 신성한 그 언덕 위에서 통곡했다. 주군을 위해 신전에서 북을 쳤고, 신들의 신전을 돌았다. 눈을 잡아 찢었고, 코를 긁었으며, 사람들이 보는 앞에서 귀를 할퀴었고, 사람들이 볼 수 없는 곳에서 엉덩이를 할퀴었다.[22] 그는 상거지처럼 옷을 단한 벌만 걸치고, 혼자서 엔릴의 신전 에쿠르로 발걸음을 옮겼다. 닌슈부르가 엔릴의 신전 에쿠르에 들어섰다. 그는 인안나의 조부 앞에서 슬퍼하며 눈물을 흘렸다.

"아버지 엔릴이여, 어느 누구도 당신의 딸을 저승에서 죽이지 않게 해주십시오. 당신의 귀한 금속이 저승의 먼지와 뒤섞이지 않게 해주십시오. 당신의 귀한 청금석이 거기에서 석공의 돌로 깨지지 않게 해주십시오. 당신의 회양목이 거기에서 목수의 나무로 쪼개지지 않게 해주십시오. 젊은 여인 인안나가 저승에서 죽임을 당하지 않게 해주십시오."

그러나 엔릴은 분노에 휩싸여 있었다.

"내 딸은 위대한 하늘을 갈망했고, 위대한 저승도 열망했다. 큰

---

22) 닌슈부르가 주군의 죽음을 애도하는 몸동작이 매우 특이하다. 수메르어에서 눈은 얼굴을 의미하기도 한다. 따라서 눈을 잡아 찢는 행위는 얼굴을 잡아 할퀴는 것이나 다름없다. 코와 입도 마찬가지다. 해서 닌슈부르가 자신의 코를 긁었다는 것은 입을 괴롭혔다는 것과 같다. 망자를 애도하는 방법으로 자신을 학대하는 것은 수메르의 관습이었다. 인안나를 애도하기 위해 닌슈부르가 그랬듯이, 나중 얘기지만, 두무지가 죽었을 때 그의 누나 게쉬틴안나도 똑같은 행동을 한다. 수메르나 악카드의 애고곡(愛顧哭)을 하면서 자신의 머리카락을 뽑거나, 가슴을 쿵쿵 치거나, 신체 일부를 칼로 그어대면서 고통스러워하는 등의 장례 관습은 후의 히브리 족속에까지 이어졌다.

하늘, 큰 땅을 모두 원했다. 저승의 신성한 권능은 어느 누구도 꿈 꿔서는 안 된다. 만일 그러는 자가 있다면 그대로 저승에 머물러 있어야 할 것이다! 이미 저승에 간 자가 다시 올라오기를 바란다 는 말이더냐?"

엔릴은 이번 일을 돕지 않았다. 닌슈부르는 우르로 갔다. 그는 수메르의 생명이 움트는 집이 있는 난나의 신전 에키쉬누갈에 들 어가, 인안나의 아버지 난나 앞에서 슬퍼하며 눈물을 흘렸다.

"아버지 난나여, 어느 누구도 당신의 딸을 저승에서 죽이지 않게 해주십시오……."

그는 엔릴에게 했던 것처럼 난나에게도 같은 내용의 읍소를 했 으나, 돌아온 답변은 역시 냉랭하기만 했다. 닌슈부르는 인안나의 지시대로 곧바로 에리두로 갔다. 그는 엔키의 신전에 들어가, 지혜 의 제왕이자 인안나의 시아버지 엔키 앞에서 슬퍼하며 눈물을 흘 렸다. 그의 호소는 엔릴과 난나에게 했던 그대로였다. 마침내 엔키 의 자비로운 음성이 들렸다.

"내 딸이 무슨 일을 하였더냐? 걱정스럽구나. 인안나가 무슨 일 을 하였더냐? 걱정스럽구나. 온 땅의 여왕이 무슨 일을 하였더 냐? 걱정스럽구나. 하늘의 여왕이 무슨 일을 하였더냐? 걱정스럽구나."

아버지 엔키는 이번 일을 돕기로 했다. 그는 손톱 끝의 때를 빼내서 쿠르가르라를 만들었다. 또 다른 손톱 끝의 때를 빼내서 갈라투르라를 만들었다. 그는 쿠르가르라에게 생명초를 주었고, 갈라투르라에게는 생명수를 주었다. 이 두 작은 신은 엔키의 신령스러운 의식을 수행할 자들이었다. 그런 다음 슬기로운 엔키는 이렇게 일렀다.

"너희 중 하나는 인안나에게 생명초를 던져주고, 또 하나는 생명수를 뿌려주어라. 자, 가라. 저승으로 곧장 가라. 파리처럼 문으로 날아들어, 유령처럼 문틈을 지나가거라. 에레쉬키갈은 자식들 때문에 출산하는 어미처럼 거기에 누워 있다. 그 신성한 어깨는 아마포 옷감으로 덮여 있지 않다. 그녀의 가슴은 작은 단지처럼 채워져 있지 않다. 그녀의 손톱은 곡괭이와 같다. 그녀의 머리카락은 부추처럼 묶여 있다. 그녀가 '아, 내 심장!'이라고 말하면, 너희는 '고통스러우십니까, 우리의 여주여, 아, 당신의 심장!'이라고 말해라. 또다시 그녀가 '아, 내 간!'이라고 말하면, 너희는 '고통스러우십니까, 우리의 여주여, 아, 당신의 간!'이라고 말해라. 그러면 에레쉬키갈이 물을 것이다. '너희는 누구냐? 내가 '내 심장'이라고 했더니, '당신의 심장'이라고 말하고, '내 간'이라고 했더니, '당신의 간'이라고 말하다니. 너희가 신이라면 나와 이야기하자. 하지만 너희가 사람이라면 내가 너희의 운명을 정해주겠노라.' 일이 그렇게 되면, 에레쉬키갈이 하늘과 땅을 걸고 맹세케 해라. 하지만 그쪽에서 물이 가득 찬 강을 선물하겠다고 나서면 받지 마라. 곡식이 풍성한 들판을 주겠다고 나서도 받지 마라. 대신 그녀에게 말해라. '나무못에 걸려 있는 몰매 맞은 고깃덩어리를 주십시오.' 그러면 그녀가 대답할 것이다. '그것은 너희 여왕의 송장이다.' 그때다시 그녀에게 말해라. '그것이 우리의 왕이든, 우리의 여왕이든상관없습니다. 저희에게 주십시오.' 이렇게 되면 그녀는 너희에게나무못에 걸려 있는 송장을 내줄 것이다. 그러면 너희 둘 중 하나는 생명초를 그 위에 던지고, 또 하나는 생명수를 그 위에 뿌려라.그러면 인안나는 일어날 것이다."

둘은 저승으로 갔다. 상황은 엔키가 일러준 대로 전개되었다. 그들은 에레쉬키갈 앞에서 '지혜의 신왕'의 지시를 더딜없이 수행했다. 하나가 인안나의 주검 위로 생명초를 60번 던졌고, 다른 하나가 생명수를 60번 뿌렸다.[23]

---

23) 수메르어 '우(u₂)'는 '식물'이라는 뜻이다. 여기에 '생명'이라는 의미의 '남틸(nam-til₃)'을 붙이면 '생명초'가 된다. '우'는 '빵'이나 '음식'이라는 뜻으로도 쓰인다. 같은 방식으로 '물'이라는 의미의 '아(a)'와 '남틸'이 어울리면 '생명수'가 되는데, '아'는 '정액, 종자'라는 뜻도 갖고 있다. 니푸르의 엔릴이 닌릴의 자궁에 여러 번 뿌린 '물'도 말인즉 '정액'이었다. 인안나는 엔키가 보내준 생명의 힘으로 죽은지 사흘 만에 부활한 것이다.

그리고 인안나가 일어났다![24]

---

24) 죽었다가 부활한 신으로는 이집트의 오시리스와 페르시아의 미트라, 그리스의 디오
니소스가 유명하다. 또 소아시아의 아티스, 시리아의 아도니스, 로마의 바쿠스도 있
다. 이들 신화는 축제라는 가장 신령스러운 제의를 통해 인간의 의식을 지배했다. 그
러나 거기에는 '죽음과 부활의 신들의 계보'에서 가장 윗자리에 있는 인안나와 두무
지의 신성(神性)이 혼용되어 있었다.

10

엔키, 진정한 사랑은 이런 거야

"아버지 엔키를 기억하라.

아버지 엔키를 찬미하라"

무모를 무모로 알지 못했다. 도저히 살아서 돌아올 수 없는 여행이었다. 할아버지 엔릴도, 아버지 난나도 못마땅해한 여행이었다. 어렵사리 획득한 하늘과 땅의 기득권을 다 버리고 선택한 모험이었다. 어느 누구도 다시 목숨 붙여 돌아오지 못하는 사지를 향한 지나친 욕망이었다. 인안나는 이미 죽어 있었다. 그녀는 하늘과 땅에서는 아무도 못 말리는 사랑과 풍요의 여신이자 전쟁의 여신으로 맹위를 떨쳤지만, 저승에 내려가자마자 송장이 되었다. 마지막 들숨과 날숨도 떨어졌다. 죽은 것이다. 그때 지혜의 제왕, 인간의 창조주인 엔키의 사랑이 여신의 몸속으로 들어왔다.

엔키, 엔키였다.
엔키, 생명의 신이었다.
엔키, 구세주였다.
엔키, 아버지였다.

죽은 자가 사흘 만에 부활했다. 산 채로 저승 원정길에 오른 일도 최초의 사건이고, 그곳에서 죽었다가 부활한 것도 최초의 사건이었다. 아니, 최초의 기적이었다.

엔키는 인안나에게 자신의 '메'를 몽땅 내어주고도 여신을 축복했고, 하늘과 땅을 버리고 저승까지 욕심을 부린 여신의 송장에 다시 생명을 불어넣었다. 약한 자의 아버지였고, 인정 넘치는 아버지였다. 항상 그랬다. 신과 인간은 도저히 빠져나올 수 없는 곤경에 처하는 일이 종종 있었다. 그들은 그때마다 신들 중에서 가장 지혜로우며, 사랑과 자비심으로 가득 찬 위대한 신 엔키의 도움이 필요했다.

신들만이 땅에 살던 시절이 있었다. 신들이 직접 흙 운반용 삼태기를 들어야만 하던 때가 있었다. 신들이 흙이 뒤섞인 음식을 먹고 흙먼지로 더럽혀진 물을 마시던 옛날이 있었다. 신들이 인간 대신에 노동을 짊어지던 때가 있었다. 큰 신들은 작은 신들에게 가능한 작업량의 일곱 배를 나르도록 강요했다. 작은 신들은 운하를 파야만 했고, 티그리스강과 유프라테스강의 바닥을 파서 말끔히 정리해놓아야만 했다. 길고 지루한 노동의 나날이었다. 그야말로 밤낮 없는 힘겨운 노역이었다. 작은 신들은 파놓은 흙무더기 위에서 불평불만에 쌓여 투덜댔다. 그들의 인내가 한계에 다다랐을 때, 이를 부득부득 갈던 분심은 터지고야 말았다. 폭동이 일어났고, 큰 신들은 허둥거렸다. 엔릴의 에쿠르에서 '비상대책회의'가 열렸다. 폭도들은 이미 에쿠르 신전을 포위하고 있었다. 천제 안과 엔키까지 동석한 회의장은 그야말로 초상집 분위기였다. 큰 신들이 모두 바싹 마른침을 삼키고 있던 차에, 천제 안이 엔릴의 시종 누스카를 전령으로 삼아 폭도들에게 내보냈으나, 그들의 의지는 확고부동했다. 엔릴은 돌아온 시종의 보고를 듣고 비통함이 하도 절절하여 눈물을 흘렸다. 그의 속은 새까맣게 타들어가고 있었다.

결국 그가 최후의 제안을 내놓았다. 자신은 아버지와 하늘로 올라가겠으니 큰 신들이 모인 이 자리에서 폭동의 주모자를 처벌해달라는 거였다. 그러나 천제 안의 의중은 달랐다. 눈치 빠른 엔키가 곧바로 아버지의 마음을 읽어내고는 말했다.

"우리는 진정 그들을 비난할 수 없습니다. 그들의 노동은 가혹하고 고생이 너무나도 큽니다. 그들의 한탄이 심하여 매일같이 불평하는 소리를 듣습니다. 산파의 여신이 사람을 만들게 하여 그들이 신들의 가혹한 노동을 대신하도록 멍에를 씌웁시다." 21

큰 신들은 엔키의 말을 듣고서 신들의 산파이자 지혜로운 모신 닌후르쌍[25]을 불렀다. 그들은 여신에게 작은 신들 대신 노동할 '원시 노동자'를 창조해 작은 신들이 짊어진 멍에를 그들이 지도록 해달라고 부탁했다. 닌후르쌍은 자기 혼자 힘으로는 될 일이 아니라면서 엔키와 합작을 해야 한다고 말했다. 엔키의 무엇이든 맑고 깨끗하게 변화시키는 능력으로 정결해진 찰흙이 필요하다는 말이었다. 엔키는 여신의 요청을 수락하고, 큰 신들에게 인간을 창조하기 위한 준비 의식을 또박또박 알렸다.

---

25) 닌후르쌍은 닌투, 닌마흐라고도 하며, 마미(Mami), 맘무(Mammu)라고도 불렸다. 이 여신은 길가메쉬의 폭정을 막아내기 위해 엔키두를 창조해낸 아루루의 원형이다.

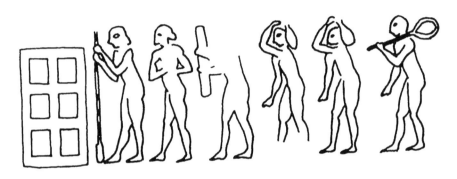

21

벌거벗은 사람들이 왼편의 신이 머무는 지성소로 향해 제물을 나르고 있다. 수메르 신화
에서 인간은 신들의 노동을 대신하기 위해 창조된 것으로 알려져 있다.

"1일과 7일과 15일에 몸과 마음을 깨끗이 하고, 폭동을 주도한 신 중 하나를 죽여 그 혈(血)로 다시 신들을 정결하게 한 후, 닌후르쌍이 그 육(肉)과 혈을 찰흙과 섞도록 하여, 신의 그 육과 혈에서 영혼이 생겨나게 하고, 신에게서 생명이 나왔다는 것을 영원히 망각하지 않도록 생령(生靈)이 생겨나게 합시다."

아무도 엔키의 의견에 반대할 수 없었다. 신들은 모두 한입으로 좋다고 말했다. 지혜로운 엔키와 닌후르쌍이 '운명이 정해지는 집'으로 들어갔고, 출산의 여신 열넷이 그 집에 모였다. 남자 일곱과 여자 일곱이 창조되었다. 엔키는 그들을 각각 짝지어주었다. 원시 노동자들은 불어났고, 작은 신들은 노동에서 해방되었다. 엔키가 아니고서는 어느 누구도 할 수 없는 일이었다.

아다파는 엔키가 창조해낸 최초의 인간이었다. 그는 엔키의 도시 에리두의 현자가 되었다. 엔키는 그에게 하늘로 오르는 법과 신들이 품고 있던 땅의 계획을 알려주었고, 신들이나 갖고 있던 분별력을 심어주었으며, 이름까지 만들어주었다.[26]

---

26) 아다파가 엔키를 섬기던 어느 날, 그는 잔잔한 바다에서 낚시를 하다가 남풍에 배가 뒤집혀 표류하는 신세가 되었다. 그는 홧김에 남풍의 날개를 부러뜨렸고, 뜨거운 대지 위로 불던 바람이 멈추었다. 천제 안이 이 사실을 알고 아다파에게 책임을 묻기 위해 그를 천계로 불러들였다. 아다파는 하늘의 신이 제공하는 빵과 물을 거부했다. 그는 불멸의 양식을 먹지 않았다. 천제 안은 이를 보고 '누가' 그렇게 하도록 지시했

엔키는 장애로 고통에 휩싸인 사람들에게도 자비로운 손길을 내미는 신이었다. 신과 인간의 모신 닌후르쌍이 사람을 만들어내려다 장애가 있는 자들을 내놓았다. 여신이 엔키 앞에서 자신만만하게 만들어 내보인 그들은 손을 제대로 쓰지 못하는 자이며, 앞을 보지 못하는 자이며, 다리를 제대로 쓰지 못하는 자이며, 멍청이이며, 소변을 가리지 못하는 자이며, 아이를 낳지 못하는 여자이며, 성기가 없는 자로 하나같이 불행을 안고 나온 자들이었다. 하지만 엔키는 그들이 적재적소에서 능력을 발휘할 수 있는 운명을 정해주었으며, 더불어 빵을 먹게 했다. 그들은 엔키가 내린 자비심으로 땅에서 삶을 유지할 수 있었다.

인간은 점점 늘어났다. 엔릴은 인간이 살아가는 꼴을 더는 보고 싶지 않았다. 큰물이 밀려오고 있었다. 신들은 인간들에게 대홍수를 알리지 않음으로써 그들을 전멸시킬 계획을 짜냈다. 문제는 엔키였다. 신들은 그에게 한목소리로 맹세를 강요했다. 엔키는 반항했다.

는지 물었다. 그는 아버지 엔키의 명령을 따랐을 뿐이라고 대답했다. 안은 분노했다. 엔키가 미리 이런 상황에 대비해 아다파에게 천계의 음식을 먹으면 죽는다고 말해준 것이었다. 안은 아다파의 행동으로 인해 인간이 질병에 시달릴 것이라 말하고는 그를 땅으로 돌려보냈다. 에리두로 돌아온 아다파의 운명은 병을 치유하는 능력을 가진 사제 계보의 시작이었다. 그것은 천제 안이 내린 결정이었다. 최초의 인간이자, 인간 창조주의 아들, 영생의 음식을 거부한 자, 그가 아다파였다.

"당신들은 왜 나를 맹세로 묶어두려고 합니까? 내 손으로 그들을 꼭 없애야 합니까? 형제 신들이 말하는 홍수라는 게 대체 뭐란 말입니까? 나는 알다가도 모르겠습니다. 나보고 홍수를 일으키란 말입니까? 그것은 엔릴 소관입니다. 엔릴이 알아서 할 일입니다."

운명을 막을 수는 없었다. 엔키는 잠시나마 신들의 의견에 동조하는 척했다. 그는 인간의 창조주였다. 그대로 있을 수는 없었다. 구원의 신 엔키는 그의 충실한 사제 지우쑤드라에게 그 사실을 알렸다. 그리고 살아남을 방법으로 배 짓는 법을 일러주었다.[27] 홍수는 땅을 휩쓸었다. 인간은 돌개바람에 먼지 날리듯 졸지에 사라졌다. 그러나 엔키의 사제는 살아남았다. 산통은 깨졌고, 엔릴은 분노했다. 신들은 천기누설의 범인이라 의심되는 구린내 나는 자로 엔키를 지목했다. 엔키는 궁지에 몰렸다. 그러나 그는 슬기로운 신이었다. 그만의 특유한 기지가 발휘되었다. 구세주는 엔릴에게 칭찬의 말꼬를 터서 그의 화를 가라앉혔다.

---

27) 지우쑤드라는 노아의 원형이다. 악카드를 비롯한 셈어권으로 가면 〈길가메쉬 서사시〉의 우트나피쉬팀, 또는 아트라하시스가 되고, 그리스 신화 쪽에서는 프로메테우스의 아들 데우칼리온이 된다. 그리고 최종적으로 노아가 고개를 내밀게 되는 것이다. 이 대목의 엔릴은 그리스의 제우스이며, 엔키는 프로메테우스이지만, 히브리의 야훼는 엔릴이 되는 동시에 엔키가 되어, 인간의 창조를 후회하고, 홍수를 일으키고, 노아에게 배를 만들게 하여 인간의 구세주가 된다.

"당신은 신들 중 가장 총명합니다. 당신은 영웅입니다."

그러더니만 댓바람에 종주먹을 대듯이 말투를 바꾸었다.

"그런데 어찌해서 분별없이 홍수를 일으켰소? 죄인에게는 그 죄로 벌을 주고, 악행자에게는 그 악행으로 벌을 주는 법이니, 당신은 인간들이 모두 죽지 않도록 그 손을 거두어 관대를 베푸시오. 온 땅이 더는 혼란에 빠지지 않도록 참으시오."

엔릴은 하는 수 없이 마음을 바꾸었다. 살아남은 인간들은 신들의 축복을 받았다. 인간의 목숨은 구세주 엔키의 사랑으로 간신히 이어졌다.

그런 엔키의 성품은 인류 최초의 영웅인 길가메쉬에게도 전해졌다. 우루크 왕 길가메쉬는 대홍수로 영생을 얻은 지우쑤드라를 만나 대홍수 이전에 신들이 벌인 비밀을 알게 되었다. 어떤 인간도 알지 못하고 알아내지 못한 천기였다. 우루크의 왕권과 왕좌를 버리고, 스스로 거지 신세가 되어 광야에서 방황하고, 죽음의 강을 건너 얻은 귀중한 정보였다. 길가메쉬의 삶은 기록으로 남겨졌다. 그것만으로도 그는 최초의 영웅이고, 최고의 영웅이었다. 하지만 그는 필멸의 인간이었다. 그가 죽음을 맞이하는 순간, 한 신이 그를 위로했다.

22

22

지혜의 제왕 엔키가 염소 머리에 물고기 몸을 한 동물을 밟고 앉아 있다. 그의 주변에는
물이 흐르고 있다. 엔키 앞에 제물을 들고 서 있는 존재는 머리 모양과 당당한 풍채로 보
아 길가메쉬라고 생각된다. 맨 오른편의 여신은 엔키의 부인 담갈눈나(또는 담키나)일 것
이다. 길가메쉬가 죽음 앞에서도 평온하게 생을 마감할 수 있었던 것은 엔키의 사랑 때문
이었다.

"그렇다 하여 슬퍼해서도 절망해서도 의기소침해서도 안 된다. 너는 이것이 인간이 갖고 있는 고난의 길임을 분명히 들었을 것이다. 너는 이것이 너의 탯줄이 잘린 순간부터 품고 있었던 일임을 분명히 들었을 것이다. 인간의 가장 어두운 날이 이제 너를 기다린다. 인간의 가장 고독한 장소가 이제 너를 기다린다. 멈추지 않는 밀물의 파도가 이제 너를 기다린다. 피할 수 없는 전투가 이제 너를 기다린다. 그로 인한 작은 접전이 이제 너를 기다린다. 그러나 너는 분노로 얽힌 마음을 갖고 저승에 가서는 안 된다."

다이를까, 엔키였다.

엔키두가 길가메쉬의 북과 북채를 찾으려고 저승으로 갔다가 이승으로 돌아오지 못한 사건이 있었다. 길가메쉬는 자신의 시종이자 친구를 구하려고 엔릴에게 가서 눈물로 호소했다. 허사였다. 그러나 엔키는 그의 눈물을 받아들였다. 사실 엔키두는 이미 죽어 있었다. 엔키는 태양의 신 우투에게 명령했다.

"즉각 저승에 있는 구멍을 열어라. 저승에서 그의 종을 데리고 오라!"

우투가 저승의 구멍을 열고 저승에서 길가메쉬의 종 엔키두의 '혼'을 데려왔다. 그들은 껴안고 입을 맞추었다. 엔키는 사자(死者)

의 혼을 저승에서 끌어올리게 하여 죽음이 갈라놓은 두 친구의 이별의 아픔을 달래주었다. 저승에서 죽은 인간의 혼을 이승으로 끌어올리듯, 저승에서 죽은 여신 인안나를 되살릴 수 있는 신, 그가 바로 엔키였다.

수메르인들은 병마가 찾아들면 40일[28] 동안 몸을 정결히 하고 병든 몸에 찬물을 뿌렸으며, 향을 피우기도 했다. 이때 병자가 건강을 되찾게 하기 위해서는 반드시 정결식을 집행하는 사제 '이쉬브'가 자신은 '엔키를 섬기는 사람이며 엔키의 부인 담갈눈나의 사람'이라고 말하면서, 병을 치유하기 위해 위대한 엔키가 보낸 사자임을 알리고 주문을 외워서 병마를 내쫓는 의식을 했다.

엔키는 생명의 신이고, 자비의 신이었다. 엔키의 생명 창조력은 참으로 대단했다. 그는 신들을 고통에서 구해냈고, 인간을 죽음에서 살려냈다. 엔키가 없었더라면 신도 인간도 존재할 수 없었을

---

28) 수메르의 큰 신들에게는 서열을 나타내는 숫자가 있었다. 60은 최고의 상징으로, 천제 안의 고유의 숫자였다. 50은 엔릴의 숫자로, 실권자를 의미했다. 엔키의 숫자는 40으로, 병이 들면 40일 동안 몸을 정결히 하는 것도 생명의 신 엔키의 힘을 빌리고자 하는 의미였다. 또한 40은 고난을 극복하기 위한 통과의례처럼 인내해야 할 기간을 뜻하기도 했다. 모세와 이스라엘인들이 40년간의 방황 끝에 얻은 구원, 예수가 40일 동안 광야에서 외친 일 등도 엔키의 숫자를 본뜬 전승이었다. 30은 달의 신 난나, 20은 태양의 신 우투, 10은 엔릴의 아들 이쉬쿠르의 숫자였다. 여신들도 서열이 있었다. 안의 부인 키가 55, 엔릴의 부인 닌릴이 45, 엔키의 부인 담갈눈나가 35, 난나의 부인 닌갈이 25, 일곱 큰 신 중 한 명인 인안나가 15, 닌후르쌍이 5였다.

것이다. 그리고 그의 그런 능력은 인안나를 부활시켰다. 생명의 신 엔키가 본래 갖고 있던 아름다운 사랑의 힘이었다.

아버지 엔키, 엔키야말로 진정한 사랑의 신이었다.
아버지 엔키, 엔키를 기억하라.
아버지 엔키, 엔키를 찬미하라.

11

우투, 두무지를 구하다

"두무지는 통곡했다.
젊은이는 하늘의 우투를 향해
손을 들어올렸다"

──────────────────────── 인안나는 저승에서 올라가고 있었다.
그때 아눈나 신들이 여신을 붙들며 조롱하듯 말했다.

"지금까지 저승에서 올라간 사람이 누구였더냐? 저승에서 무사
히 올라간 사람이 누구였더냐? 만일 인안나가 저승에서 올라간다
면 그를 대신할 자를 내놓아야 한다."

인안나가 저승에서 떠나고 있을 때, 그 앞에는 시종신도 아닌 자
가 손에 막대를 들고 있었다. 그 뒤에는 경호원도 아닌 자가 엉덩
이에 철퇴를 차고 있었다. 작은 저승사자들은 갈대 담처럼, 큰 저
승사자들은 울타리의 갈대들처럼 인안나의 사방에 붙어 있었다.
그들은 이런 자들이었다.[29]

먹을 줄도 모르고 마실 줄도 모르며,
뿌려준 밀가루를 먹지 않고
제주를 마시지 않는다.
썩 좋은 선물도 받지 않는다.

─────────────

29) 저승사자를 가리키는 '갈라(galla)'는 '경찰관·악령·마귀' 등을 뜻하기도 한다. '갈라'
   는 운명의 신 '남타르(ᵈNamtar)'의 부하들이었다. '죽음의 전령' 남타르는 저승의 여
   왕 에레쉬키갈의 아들이자 시종으로 인간세계에 질병과 역병을 일으켜서 사람을 잡
   아가는 무서운 저승사자다. 그는 주군 에레쉬키갈의 명을 받고 천계로 올라가 저승
   의 입장을 대변하기도 한다.

남자의 허벅지에서 그의 아내를 빼앗아가고

젖어머니의 가슴에 매달려 있는 아이들을 데려간다.

부부간의 포옹이 주는 즐거움을 결코 즐기지 않고

입을 맞추는 귀여운 아이를 숫제 갖지 않는다.

남편 품에 있는 아내를 떼어내고

아버지 무릎에서 아이들을 잡아채고,

시아버지 집에서 신부를 떠나게 한다.

쓴 마늘을 눌러 뭉개지 않고

물고기를 먹지 않으며,

부추를 먹지 않는다.

인안나가 저승에서 올라오자 닌슈부르는 간제르 궁전 문 앞에서 여주의 발 앞에 엎드렸다. 그는 먼지 속에 앉아 있었고, 더러운 옷을 입고 있었다. 이때 저승사자들이 거룩한 인안나에게 말했다.

"인안나, 당신의 도시로 가시지요. 우리는 이자를 데리고 가겠습니다."

"이 사람은 옳은 말을 하는 나의 시종장이며, 믿음직한 말을 하는 나의 호위자다. 그는 나의 가르침을 잊지 않았다. 내가 지시한 것들을 소홀히 하지 않았다. 그는 나를 위해 이미 황폐화되었지만 여전히 신성한 언덕에서 통곡했고, 나를 위해 신전에서 북을 쳤으며, 나를 위해 신들의 신전을 돌았다. 나를 위해 눈을 잡아 찢었고, 나를 위해 코를 긁었으며, 나를 위해 사람들이 보는 앞에서 귀를 할퀴었고, 나를 위해 사람들이 볼 수 없는 곳에서 엉덩이를 할퀴었다. 상거지처럼 그는 옷을 단 한 벌만 걸쳤다. 어디 그뿐인가. 나를 위해 혼자 곧장 에쿠르로 발길을 옮겨 엔릴의 신전으로 갔으며, 우르로 발길을 옮겨 난나의 신전으로 갔고, 에리두로 발길을 옮겨 엔키의 신전으로 갔다. 가서, 엔키 앞에서 울었다. 그는 내가 살아 돌아오게 만들었다. 그런 자를 어떻게 너희에게 넘겨줄 수 있단 말이냐?"

"그렇다면 갑시다. 움마의 쉐그쿠르샤가로 갑시다."

움마의 쉐그쿠르샤가에서, 샤라는 그의 도시에서 여주의 발 앞에 엎드렸다. 그는 먼지 속에 앉아 있었고, 더러운 옷을 입고 있었다. 이때 저승사자들이 거룩한 인안나에게 말했다.

"인안나, 당신의 도시로 가시지요. 우리는 이자를 데리고 가겠습니다."

"샤라는 나의 가수이며, 내 손톱을 다듬어주는 자이며, 내 머리를 손질하는 자다. 그런 사람을 어떻게 너희에게 넘겨줄 수 있단 말이냐?"

"그렇다면 갑시다. 바드티비라의 에무쉬칼람마로 갑시다."

바드티비라의 에무쉬칼람마에서, 루랄은 그의 도시에서 여주의 발 앞에 엎드렸다. 그는 먼지 속에 앉아 있었고, 더러운 옷을 입고 있었다. 이때 저승사자들이 거룩한 인안나에게 말했다.

"인안나, 당신의 도시로 가시지요. 우리는 이자를 데리고 가겠습니다."

"진취적인 루랄은 나의 오른쪽과 왼쪽에서 나를 수행한다. 그런 자를 어떻게 너희에게 넘겨줄 수 있단 말이냐?"

"그렇다면 갑시다. 쿨라바 평원에 있는 커다란 사과나무로 갑시다."

그들은 여신을 따라 쿨라바 평원에 있는 커다란 사과나무로 갔다. 그곳에서 두무지가 기막히게 멋진 옷을 입고 눈부신 왕좌에 앉아 있었다. 저승사자들이 그의 허벅다리를 잡았다. 그들 가운데 일곱은 그의 버터 제조기에서 우유를 쏟아버렸다. 또 그들 가운데 일곱은 병든 자처럼 자신들의 머리를 흔들었다. 그들은 양치기가 여신 앞에서 피리와 플루트를 불지 못하게 했다.

인안나는 그를 바라보았다. 죽음의 눈길이었다. 여신은 저승사자들에게 말했다. 노여운 말투였다. 여신은 소리를 쳤다. 중죄를 내리겠다는 일갈이었다.

23   "지체할 것 없다. 그를 데리고 가라!"

23

〈인안나의 저승 여행기〉가 기록된 점토판(YBC 4621)의 70~74행을 음역하고 한역해보았다.

70 igi mu-un-ši-in-bar igi-uš$_2$-[a]-ka
　　그녀는 그를 바라보았다. 죽음의 눈길이었다.

71 inim i-bi$_2$-ne inim-LIPIŠ-gig-ga
　　여신은 그에게 말했다. 노여운 말투였다.

72 gu$_3$ i-bi$_2$-de$_2$ gu$_3$-nam-tag-tag-ga
　　여신은 그에게 소리를 쳤다. 중죄를 내리겠다는 일갈이었다.

73 en$_2$-še$_3$ tum$_3$-mu-an-ze$_2$-en
　　"지체할 것 없다. 그를 데리고 가라!"

74 kug-^{d}inanna-ke$_4$ su$_8$-ba-^{d}dumu-zi-da šu-ne-ne-a in-na-si$_3$
　　성스러운 인안나는 양치기 두무지를 그들의 손에 넘겨버렸다.

성스러운 인안나는 양치기 두무지를 저승사자들의 손에 넘겨버렸다. 두무지는 통곡했다. 그의 눈에서는 한스러운 눈물이 흘러내리고 있었다. 젊은이는 하늘의 우투를 향해 손을 들어올렸다.

"우투여, 당신은 나의 처남이고, 나는 당신의 매제입니다. 나는 당신의 어머니 닌갈의 집으로 버터를 갖다주었습니다. 우유도 갖다주었습니다. 내 손을 도마뱀의 손으로 바꿔주시고, 내 발을 도마뱀의 발로 바꿔주십시오. 그러면 나는 저승사자들에게서 도망칠 수 있습니다. 그들이 나를 잡지 못하도록 해주십시오."

우투는 그의 눈물을 받아주었다. 우투는 두무지의 손을 도마뱀의 손으로 바꿔주었고, 그의 발을 도마뱀의 발로 바꿔주었다. 그래서 두무지를 잡으러 온 저승사자들은 그를 잡을 수 없었다. 두무지는 도망쳤고, 저승사자들은 그를 놓쳤다.

두무지의 애원을 받아준 우투는 태양의 신으로, '빛나는 자'였다. 그는 매일같이 아침이면 동쪽 산에서 떠올라 저녁이면 서쪽 산 끝으로 내려가 휴식을 취했다. 그의 어깨와 팔뚝에서는 휘황찬란한 광채가 쏟아졌고, 허리춤에는 톱날 달린 칼을 차고 있었다. 우투는 수메르인들이 존경해 마지않는 '정의의 신'이었다. 그는 인간이 들어갈 수 없는 구역에서 신들의 전차인 독수리를 관리하고 감독하는 책임자였다. 엔키가 만든 신들의 정원인 딜문 입구에는 언제나 우투의 독수리가 웅크리고 있었다.

우투는 고통에 빠진 인간을 보면 도와주고 붙잡아주는 자비의 손길을 내밀었다. 우루크의 젊은 왕 길가메쉬가 삼목산으로 위험천만한 모험을 감행했을 때, 그를 도와준 유일한 신이 바로 우투였다. 길가메쉬는 결국 우투의 도움으로 괴물 후와와를 물리치고 무사히 고향 우루크로 돌아왔다.

아들을 얻지 못해 고통스러워하던 수메르 왕이 있었다. 홍수가 땅을 뒤덮은 후, 다시 하늘에서 내려온 왕권은 수메르 도시국가 키쉬에 있었다. 키쉬 1왕조의 열세 번째 통치자 에타나가 그 불행의 주인공이었다. 모든 땅을 통합할 정도로 신들의 은총을 입고 있었던 에타나는 안타깝게도 자식 복이 없었다. 그는 경건한 마음으로 연일 우투에게 기도했다. 우투는 왕과 독수리를 연결해주어 '출산의 식물'을 구할 수 있게 도와주었다.

강력한 신 우투는 난나와 닌갈의 아들이었고, 인안나의 오빠였다. 그는 엔키가 건설한 도시 라르싸의 수호신이었다. 그에게 할당된 또 하나의 도시는 씨파르였다. 두 도시에는 그의 신전 에밥바르, 곧 빛나는 집이 있었다. 인간은 안과 엔릴에게 호소하지 않고도 우투의 진실한 말씀과 일치된 법을 받아들였고, 이를 충실하게 지켰다. 그래서 수메르의 아버지들은 자식들에게 우투의 위대함을 가르쳤다.

용사는 하나다, 그는 혼자 많은 자에 필적한다.

우투는 하나다, 그는 혼자 많은 자에 필적한다.

너의 삶은 항상 용사 옆에 있어야 한다.

너의 삶은 항상 우투 옆에 있어야 한다.

24　우투는 라르싸와 씨파르뿐만 아니라 바빌론과 우르, 마리, 니푸르, 니느웨 등 메소포타미아 전역에 걸쳐 '태양의 신'으로 숭배되었다.[30] 수메르 신들은 영역을 넓히고 높은 지위를 차지하기 위해 힘겨루기를 하며 여러 번 대립했다. 형제가 싸웠고, 자매가 싸웠다. 그렇지만 우투와 인안나의 우애는 매우 좋아서 그런 일은 벌어지지 않았다.

저승사자들에게 붙잡혀 궁지에 몰린 두무지가 '정의의 신' 우투에게 목숨을 구걸한 것은 어쩌면 당연한 일이었는지도 모른다. 저승에서 살아 돌아온 아내가 저승사자들과 함께 와서 자신을 저승으로 보내려고 하는 절체절명의 순간, 그가 하늘의 우투를 향해

---

30) 수메르 후대의 신년 축제에서는 인안나와 두무지의 신성과 함께 우투의 신성이 혼용되어 '태양신'이 나타났다. 고대 태양신들은 인안나 흉내를 내기도 하고, 두무지 흉내를 내기도 하며, 우투 흉내를 내기도 하고, 심지어는 엔키의 흉내를 내기도 했다. 그들은 신년 축제에서 인안나의 대리인 역할을 하는 '인간 처녀'에게서 태어났던 왕들처럼 동정녀에게서 태어났다. 인안나처럼 위대한 신이 되기 위해 이승의 모든 권세를 버렸고, 그녀처럼 죽어서 나무못에 걸렸으며, 그녀처럼 죽은 지 사흘 만에 부활하여 세상의 운명을 결정하는 힘을 얻었다. 그들은 두무지처럼 목자로 비유되었고, 두무지가 인안나 대신 저승으로 끌려갔듯이 만인의 죄를 대속했다. 엔키의 아들 두무지처럼 '아버지의 아들'이었고, 우투처럼 태양신이 되었으며, 인간을 창조하고 구원한 엔키처럼 인간의 구세주가 되었다.

24

태양의 신 우투는 고대 메소포타미아 전역에서 모든 사람에게 '정의의 신'으로 추앙받았다. 악카드 셈족은 그를 '샤마쉬'라고 불렀는데, 셈어로 '태양'이라는 뜻이다.

구원의 손길을 애타게 바랐던 것은 우투가 자신과 인안나를 맺어준 중매자였기 때문이기도 했다. 우투는 두무지의 처남이었고, 두무지는 우투의 매제였다. 그러나 저승사자들은 그를 포기하지 않았다.

인안나와 두무지, 부부가 되다

"두 젊은이는 그토록 갈망하던
바를 이루었고, 부부가 되었다"

─────────────── 인안나와 두무지의 사랑은 이렇게 시작
되었다. 우투는 인안나에게 양치기 두무지와 결혼하라고 권했다.
그러나 인안나의 자존심은 대단했다.

"싫어요! 나는 양치기의 아내가 되지 않을 거예요!"

"내 동생, 양치기와 혼인해라. 처녀 인안나, 왜 마음이 내키지 않
는 거니? 그는 좋은 버터와 우유를 갖고 있다. 양치기의 손에 있는
것은 무엇이든 훌륭하다. 인안나, 두무지와 혼인해라. 보석을 걸고
있는 너, 귀중한 목걸이를 걸고 있는 너, 어째서 네 마음이 내키지
않는 거니? 그는 좋은 버터를 너와 같이 먹을 것이다. 왕의 보호
자, 너는 왜 마음이 내키지 않는 거니?"

"나는 양치기와 결혼하지 않겠어요. 그가 새 털로 짠 옷을 내게
가져오게 하지 마세요. 새 옷 정도로는 내 마음이 흔들리지 않을 테
니까. 처녀인 나는 농부와 결혼하겠어요. 아마를 많이 키우는 농부,
보리를 많이 키우는 농부와 할래요. 양치기와는 하지 않겠어요."

그러자 양치기 두무지가 처녀 인안나에게 자신을 과시했다.　25

"농부가 나보다 뭐가 그렇게 더 낫다는 말이오? 엔킴두, 도랑과
수로의 관리자인 농부가 나보다 무엇이 더 낫다는 말이오? 그가
검은 옷을 준다면, 나는 그 대신 검은 암양을 줄 것이오. 그가 흰옷
을 준다면, 나는 그 대신 흰 암양을 줄 것이오. 그가 최고급의 맥주

25

양에게 먹이를 주고 있는 신은 두무지다. 인안나의 상징인 커다란 문설주가 양쪽에 배치되어 있는 점으로 보아 그가 인안나 신전 마당까지 양을 끌고 왔다는 가정을 해볼 수 있다. 양치기 두무지와 농부 엔킴두는 인안나를 차지하려고 경쟁을 벌였고, 승자는 두무지였다.

를 따라준다면, 나는 그 대신 노란 우유를 따라줄 것이오. 그가 양질의 맥주를 따라준다면, 나는 그 대신 맛있는 우유를 따라줄 것이오. 그가 잘 양조한 맥주를 따라준다면, 나는 그 대신 잘 저은 우유를 따라줄 것이오."

양치기의 자랑은 계속되었다. 두무지는 농부가 주는 옷이나 맥주, 빵, 콩보다 자신의 암양이나 우유, 치즈, 버터가 훨씬 더 좋다는 점을 입이 닳도록 강조했다.

양치기는 기분이 좋았다. 강둑 언저리에 있던 양치기는 기분이 매우 좋았다. 그는 강둑에서 양을 치고 있었다. 그때 도랑과 수로의 왕 엔킴두가 그쪽으로 다가갔다. 둘은 들판에서 말다툼을 벌였다. 둘은 티격태격했지만 전세는 두무지에게 기울어 있었다.

"양치기인 내가 결혼을 하면, 농부 엔킴두, 너는 내 친구 자격으로 초대를 받으리라."

우투는 인안나의 신랑감으로 두무지를 끝까지 밀어주기로 작심한 듯 보였다. 양치기는 농부와의 기 싸움에서 이미 우위를 점한 상태였고, 인안나도 양치기의 자신감 넘치는 설득에 넘어가 있었다. 여동생을 시집보내려는 오빠가 다정다감하게 말을 건넸다.

"어린 숙녀, 정원의 뜰에 돋아난 아마는 아름다움이 넘쳐난다.

인안나, 정원의 뜰에 돋아난 아마는 아름다움이 넘쳐난다. 밭고랑의 보리처럼 아름다움과 기쁨이 심히 넘쳐난다. 어린 숙녀, 화려한 아마포는 네 마음에 쏙 들게다. 인안나, 화려한 아마포는 네 마음에 아주 쏙 들게다. 내가 그 풀을 파내서 네게 주겠다. 내 동생, 내가 정원의 뜰에 난 아마 줄기를 네게 갖다주겠다. 인안나, 내가 그러겠다."

"오빠, 정원의 뜰에 난 아마 줄기를 내게 갖다주면, 누가 날 위해 그걸 물에 담글 거죠? 누가 물에 담가 그걸 부드럽게 하냔 말이에요? 누가요?"

"내 동생, 물에 담가 이미 부드러워진 것을 내가 갖다주겠다. 인안나, 내가 그러겠다."

"오빠, 그걸 갖다준다 해도 누가 실로 만들죠? 누가요? 누가 나를 위해 그럴 거죠?"

"내가 하겠다."

"오빠가 그런다고 해도 누가 실을 꼴 거죠? 누가요? 누가 나를 위해 그럴 거냔 말이에요?"

"내가 하겠다."

"그렇다면 그걸 물들이는 것은?"

"내가 하겠다."

"그렇다면 누가 그걸 천으로 짤 거죠?"

"그것도 내가 해서 갖다주겠다."

"그렇다면 누가 그걸 깨끗하게 빨 거죠?"

"그것도 역시 내가 해주겠다."

"오빠, 오빠가 깨끗하게 빤 것을 내게 갖다주면, 나는 누구와 그 위에 눕죠? 누구와 그 아마포 위에 눕느냔 말이에요? 누구와?"

"너와 함께 누울 사람이 있다. 그가 너와 누울 것이다. 네 신랑이 너와 누울 것이다. 아마우슘갈안나[31]가 너와 누울 것이다. 엔릴과 친한 자[32]가 너와 누울 것이다. 고귀한 자궁에서 나온 자가 너와 누울 것이다. 지배자의 자손이 너와 누울 것이다."

"어머, 정말이세요? 내가 점찍어둔 사람인데……. 내 마음속의 사람이에요! 오빠, 내 마음속에 새긴 바로 그 사람이요! 그는 괭이질을 하지 않아요. 그래도 곡물 더미가 쌓이는걸요. 농부는 곡물 더미를 정기적으로 창고로 나르죠. 그렇지만 양치기의 양은 저절로 털이 수북해지는걸요."

---

31) 수메르 연구가들은 통상 '아마우슘갈안나'를 '아마'에는 '열매'를, '우슘갈'에는 '대추야자나무'를, '안'에는 '수관(樹冠)' 또는 '위쪽'을 대입해 '대추야자나무의 열매'로 풀이한다. 양치기 두무지가 양을 치러 돌아다니면서 풍요의 상징물인 대추야자나무의 열매를 비상식량으로 먹거나 창고에 쌓아둔다는 점에서 그 이름의 의미를 부여하는 것이다. 실제로 두무지는 인안나의 곡간을 채워주는 존재다. 한편 두무지를 그냥 '우슘갈안나'라고 기록한 점토서판도 꽤 많은데, '우슘갈'은 거대한 뱀이나 용을 가리키기도 한다. 이것에 '안나'가 붙은 '우슘갈안나'는 '하늘의 큰 뱀'이 된다. 뱀은 지혜를 말하며, 지혜는 엔키에게서 찾을 수 있다. 그렇다면 이런 두무지의 별칭이 그의 아버지 엔키의 신성과 희미하게나마 관련이 있는 듯 보인다.

32) 두무지와 엔릴이 정말 친하다는 말이 아니고, 엔릴이 수메르 만신전에서 도낏자루를 쥐고 신들의 제왕이나 다름없는 역할을 하기 때문에, 장차 신랑이 될 주인공에게 힘을 실어주려는 상투적인 표현법이다.

우투의 중매는 거름발이 났다. 인안나의 마음은 정해졌다. 이제 두무지가 움직일 차례였다. 그는 어두컴컴한 곳에 혼자 있는 인안나를 발견하고 그 뒤를 따라갔다. 여신은 그의 속내를 알아차리고 있는 눈치였다. 처녀는 내심 즐거웠다.

"내 어머니가 없는데도 어두컴컴한 들판 길을 따라 나를 쫓아오다니. 내 어머니가 없는데도 이 젊은이가 어두컴컴한 들판 길을 따라 나를 쫓아오다니. 내 어머니 닌갈이 없는데도, 외할머니 닌기쿠가 없는데도, 아버지 쑤엔이 없는데도, 오빠 우투가 없는데도 어두컴컴한 들판 길을 따라 나를 쫓아오다니."

"젊은 여인이여, 말싸움을 걸지 마시오. 인안나, 대화로 풀어봅시다. 닌에갈라,[33] 우리 함께 얘기해봅시다. 내 아버지는 당신 아버지만큼이나 괜찮은 분입니다. 대화로 풀어봅시다. 내 어머니 역시 당신 어머니만큼이나 괜찮은 분입니다. 닌에갈라, 우리 함께 얘기해봅시다. 게쉬틴안나도 닌기쿠가만큼이나 괜찮습니다. 대화로 풀어봅시다. 나도 우투만큼이나 괜찮습니다. 닌에갈라, 우리 함께 얘기해봅시다. 엔키도 쑤엔만큼이나 괜찮은 분입니다. 대화로 풀어봅시다. 두투르도 닌갈만큼이나 괜찮은 분입니다. 닌에갈라, 우리 함께 얘기해봅시다."[34]

---

33) 인안나의 별칭 닌에갈라에서 '닌'은 '여신'이고 '에'는 '신전', '갈'은 '위대한', '아(라)'는 두 단어를 연결해주는 '~의' 정도의 뜻이다. 풀이하면 '위대한 신전의 여신'이 된다.

그들이 나누는 대화는 서로를 갈망해서 내뱉는 말이었다. 인안
나가 말싸움을 건 것은 마음속에 있는 사랑의 열망 때문이었다.

귀한 보석을 찾는 남자가 있었다. 그는 놀랍게도 귀한 보석을 캐
내고 있었다. 아마우슘갈안나였다. 그는 정말로 귀한 보석을 캐내 **26**
고 있었다. 두무지는 자신이 캐낸 보석 가운데 작은 것은 씨앗처
럼 아래에 내려놓았다. 큰 보석은 곡물 더미처럼 쌓아놓았다. 그는
그것들을 지붕 위로 가져갔다. 지붕의 한 벽에 기대어 자신을 바
라보고 있는 그의 사람에게 가져갔다. 두무지는 보석들을 인안나
에게 가져갔다. 벽에 기대어 그를 바라보고 있는 인안나에게 가져
갔다. 인안나가 아마우슘갈안나를 향해 말했다.

"보석을 캐내세요. 누굴 위해 캐내는 건지 아시죠? 아마우슘갈
안나, 보석을 캐내세요. 누굴 위해 캐내는 거죠? 보석 가운데 작은
것은 우리 목에 걸고, 보석 가운데 큰 것은 우리의 신성한 가슴에
달아보아요."
"이것은 귀부인을 위한 것이오. 이것은 나의 배우자, 귀부인을
위한 것이오. 나는 그 사람을 위해 보석들을 캐내고 있는 것이오.

---

34) 인안나 쪽 집안은 할아버지가 엔릴, 아버지가 달의 신 난나(쑤엔), 어머니가 위대한 여
신 닌갈, 오빠가 태양의 신 우투로 쟁쟁한 반면, 두무지는 엔키를 제외하면 어머니는
양의 여신 두투르, 누나는 포도주의 신 게쉬틴안나로 별 볼 일 없다. 두무지는 질세라
자신의 집안이 인안나의 집안보다 못할 게 없다고 허풍선을 떠는 것이다.

26

여신과 남신이 대추야자나무 아래에서 만나고 있다. 두무지의 다른 이름인 '아마우슘갈 안나'가 '대추야자나무의 열매'라는 뜻이므로, 그림은 인안나와 두무지가 연애하는 모습을 표현한 것이다.

'거룩한 인안나', '여사제'를 위해 보석들을 캐내고 있는 것이오."

"보석을 캐내세요. 누굴 위해 캐내는 건지 아시죠? 아마우슘갈 안나, 보석을 캐내세요. 누굴 위해 캐내는 거죠? 나를 위해 이런 일을 하는 당신의 청금석 수염이 아름다워요."

어느 날이었다. 인안나는 종일 춤추며 놀았고, 그것도 모자라 밤을 새우고 말았다. 새벽녘까지 날이 새는 줄도 몰랐다. 이대로 집에 돌아가면 불호령이 떨어질 건 분명했다. 처녀가 고민스러워하고 있을 즈음, 두무지가 난데없이 나타났다. 총각은 다짜고짜 처녀의 손을 잡았고, 목을 당겨 끌어안았다.

"이러지 마세요. 놓아주세요. 집에 가야 해요. 엔릴의 친구여, 날 놓아주세요. 집에 가야 해요. 어머니에게 뭐라고 거짓말을 해야 할지 모르겠어요. 어머니 닌갈에게 뭐라고 거짓말을 해야 할까요?"

"내가 가르쳐주겠소! 인안나, 여자들이 으레 하는 거짓말을 내가 가르쳐주겠소. '나는 내 여자 친구와 광장에서 춤을 추었습니다. 북소리에 맞춰 함께 즐겁게 뛰놀았습니다. 유쾌하고 즐거워서 그만 그 친구와 거기서 밤을 새워버렸습니다.' 당신 어머니께 이렇게 말하시오. 자, 그럼, 우리는 달빛 속에서 사랑을 나눕시다. 신성하고 화려한 침상에서 당신이 머리핀을 풀도록 해주겠소. 거기에서 당신과 함께 날이 다 샐 때까지 즐거움을 만끽하고 싶소."

인안나와 두무지는 사랑에 빠졌다. 둘은 인안나의 어머니 집으로 갔다. 총각은 닌갈의 집으로 곧장 들어가지 못하고 대문 앞에 서 있었다. 처녀는 너무 좋아서 마음이 들떠 이리 갔다 저리 갔다 하고 있었다.

"오, 누군가 내 어머니에게 알려주었으면. 오, 내 이웃 사람이 바닥에 물을 뿌려주었으면. 그러면 어머니 집의 달콤한 향기를 맡을 수 있고, 그분의 기쁜 말씀을 들을 수 있을 텐데."

그때 어머니 닌갈의 음성이 들렸다. 그것은 결혼 허락이나 다름이 없었다.

"내 '소중한 사람'은 인안나의 신성한 무릎에 딱 맞습니다. 아마 우슘갈안나, 쑤엔의 사위, 내 소중한 사람 두무지는 거룩한 잠자리에 제격입니다. 당신의 풍요는 마음에 쏙 듭니다. 들에서 자란 당신의 푸른 초목은 너무나도 달콤합니다."

인안나의 꿈이 이루어지고 있었다.

인안나와 두무지의 결혼이 목전에 와있었다. 두무지도 원하고, 인안나도 원하는 혼인이었다. 두 청춘남녀가 뜨겁게 갈망하던 결합이었다. '위대한 신전의 여신, 닌에갈라'의 신랑 두무지와 그의

27

'위대한 여신' 닌갈의 섬록암 상. 닌갈은 엔키와 닌기쿠가 사이에서 태어난 여신으로 난나
의 부인이자 인안나와 우투의 어머니다. 여신은 인안나가 두무지와 사랑에 빠지자 둘의
결혼을 흔쾌히 허락한다.

들러리들은 귀한 사람들이었다. 신랑은 양치기였다. 그가 가장 귀한 사람이었다. 귀한 정도로 본다면 양치기 다음으로 농부였고, 농부 다음으로 새 사냥꾼이었으며, 새 사냥꾼 다음으로 갈대 습지에서 그물을 치는 어부였다. 신부 인안나는 그들에게 결혼 선물을 요구했다.

"나는 양치기에게 사람을 보내 최고급 버터와 최고급 우유로 나를 대접하라고 하겠다. 농부에게 사람을 보내 포도주 등으로 나를 대접하라고 하겠다. 새를 잡는 그물을 펼쳐놓은 새 사냥꾼에게 사람을 보내 멋진 새로 나를 대접하라고 하겠다. 나, 인안나는 갈대 습지에 그물을 치는 어부에게 사람을 보내 살찐 잉어로 나를 대접하라고 하겠다."

신랑의 들러리들이 선물을 가지고 왔다. 새 사냥꾼은 가장 멋진 새를 골라 가지고 왔고, 어부는 살찐 잉어를 가지고 왔다. 양치기 두무지도 버터와 우유를 메고 왔다. 그는 버터를 담은 단지를 한쪽 어깨에, 우유를 담은 버터 만드는 큰 통을 다른 한쪽 어깨에 메고 왔다. 신랑은 신부의 집을 향해 크게 소리를 치며 당당하게 문을 두드렸다.

"문을 여시오, 나의 여인이여! 문을 여시오!"

집 안에서는 닌갈이 시집가는 딸에게 결혼하면 친정 식구들 대하듯 시댁 식구들한테도 잘하라는 말을 전하고 있었다.

"그는 너의 남편이란다. 그는 너의 아버지나 어머니 같은 존재란다. 그의 어머니는 네 어머니와 같다. 마찬가지로 그의 아버지는 네 아버지와 같다."

인안나는 어머니의 권유대로 물로 목욕을 하고, 좋은 기름을 발랐으며, 화려한 예복을 몸에 걸쳤다. 핀을 손에 쥐었고, 청금석 목걸이를 목에 똑바로 걸었으며, 원통형 인장을 손으로 움켜잡았다.

두무지가 문을 밀어젖히자 젊은 여인은 앞으로 발걸음을 내디뎠다. 한 줄기 달빛처럼 신부는 집을 나와 곧장 그에게 갔다. 두무지는 인안나를 쳐다보고 기뻐했다. 두무지는 인안나를 껴안고 입맞춤을 했다.

신랑은 신부를 자기 집으로 데려갔다. 두무지는 자신의 신당에서 그의 신에게 귀한 아들을 얻게 해달라고 기도했다. 신랑은 신부를 신당으로 이끌었다. 그는 신부가 자기 신 앞에서 눕도록 할 것이며, 그 신의 존귀한 자리에 자신과 신부가 앉을 것이라고 말했다. 신부는 가만히 앉아 신랑의 말을 듣고 있었다. 그런 다음 인안나는 두무지의 신 앞으로 나아가 기도했다. 신랑은 신부를 껴안았다. 신랑은 앞으로 자신이 신부에게 해줄 것들을 일일이 나열하며 다짐했다.

28

성혼례로 만난 남녀는 인안나와 두무지이거나, 인안나 역할을 하는 신전의 여사제와 두무
지 역할을 하는 왕일 것이다. 또는 〈길가메쉬 서사시〉에 나오는 신전의 여인 샴하트와 야
만인 엔키두라고 가정해볼 수도 있다. 어떤 경우든 여성이 남성에게 '성에 관한 지혜'를
전달해주는 방식이다. 에덴동산에서 이브가 아담에게 그랬듯이.

"나는 당신을 나의 여종으로 생각하지 않겠습니다. 당신의 식탁은 근사할 것입니다. 당신은 근사한 식탁에서 식사할 것입니다. 당신의 식탁은 눈부실 것입니다. 당신은 눈부신 식탁에서 먹을 것입니다. 내 어머니는 거기에서 먹지 않을 것입니다. 두투르의 형제들도 거기에서 먹지 않을 것입니다. 내 누나 게쉬틴안나도 거기에서 먹지 않을 것입니다. 그러나 당신은 눈부신 식탁에서 먹을 것입니다. 내 신부여, 당신이 나를 위해 옷을 만들지 않을 것이며, 당신이 나를 위해 실을 꼬는 일은 없을 것이며, 당신이 나를 위해 양털을 푸는 일은 없을 것이며, 당신이 나를 위해 길쌈하는 일은 없을 것입니다. 또한 당신이 나를 위해 빵을 만드는 일도 없을 것입니다."

닌에갈라는 야생 황소 두무지를 껴안았다.

"내 신랑이여, 나의 거룩한 빛이 하늘 저편, 지평선 위에서 반짝거릴 것입니다."

두 젊은이는 그토록 갈망하던 바를 이루었고, 부부가 되었다. 인 **28** 안나는 두무지의 집 에남틸라에 사랑의 보금자리를 마련해서 행복하게 살게 되었다.

"나의 아마우슘! 우리 서로 껴안고, 내 꽃 침대 위에 누웁시다!"

13

게쉬틴안나, 차라리 내게 이런 불행이

"아, 내 동생!
아직 날이 다 차지도 않은 젊은이!"

둘은 그런 사이였다. 그렇게 사랑하던 사이였다. 그랬지만 엔키의 도움으로 저승에서 부활한 인안나는 남편 두무지를 조금도 거리낌 없이 자신 대신 저승에 잡혀갈 대상으로 삼아 저승사자들에게 넘겨버렸다. 달콤하던 연애 시절도 잊었고, 결혼 허락을 받으려고 기쁜 마음으로 어머니에게 달려가던 순간도 잊었다. 달빛에 젖어 새벽까지 사랑을 나누던 열정도, 어머니가 들려주던 애정 어린 충고도 다 잊었다. 한 줄기 달빛처럼 집을 나와 두무지에게 달려가 그의 품에 안기던 설렘도, 장밋빛 미래에 대한 그의 다짐도 모두 다 잊었다. 죽음의 땅 저승에서 천신만고 끝에 살아 돌아온 터였다. 그런데 남편 두무지는 화려한 옷을 입고 눈부신 왕좌에 앉아 있었다. 시종장 닌슈부르도, 샤라나루랄 같은 자식들도, 한결같이 상복을 입고 스스로 몸을 학대하며 자신의 죽음을 서러워하고 있는데, 그토록 사랑하던 남편은 향락에 빠져 있었다. 인안나의 눈에 열불의 꽃이 피고 있었다. 그러니까 더욱이 돌이키기 싫은 결혼 시절의 기억까지 새삼스레 떠오를 만도 했다.

두무지에게 누나가 있었다. 게쉬틴안나는 에덴 남쪽의 황량한 아라리 벌판에서 홀로 사는 노처녀였다. 여신은 해몽에 일가견이 있고, 노래를 잘 불렀다. 그는 포도주와 서사(書士)의 여신이었다. 남매의 정은 돈독했다.

어느 날, 두무지는 양 우리를 둘러보고 양들에게 먹이를 주어야

29

두무지의 죽음이 기록되어 있는 점토서판의 후면. 이곳의 51행과 52행에 인안나가 자기 대신 두무지를 저승사자들에게 넘겨주는 장면이 나온다.

51 [u₄]-bi-a ga-ša-an-e nu-un-ti kur-[nu-gi₄-a-še₃] ki-bi-[gar-na mu-un-si₃]
    그 [날] 여왕은 그의 생명을 구하지 않았다. 그녀는 돌아올 수 없는 땅으로 [자신의 대속] 물로 [그를 넘겨주었다]

52 dam-ušum-gal-an-na-ka mu-un-ti ki-bi-gar-na mu-un-[si₃]
    우슘갈안나의 아내는 그의 생명을 구하지 않았다. 그녀는 자신의 대속물로 [그를 넘겨 주었다]

한다는 구실을 붙여 인안나를 집으로 돌려보냈다. 아내는 남편과 함께 들판으로 나가기를 기대하고 있었다. 두무지는 혼자 들판으로 가버렸고, 인안나는 혼자 집으로 돌아와 몹시 침울해 있었다.

들판의 양 우리로 가고 있는 양치기를 따라가는 노처녀가 있었다. 둘은 양 우리로 가서 좋은 음식과 술을 먹고 마셨다. 동기간의 우애는 '지나치게' 좋았다. 두무지는 즐기고 싶었다. 그는 양 우리에서 양들을 꺼냈다. 둘은 양들이 교미하는 것을 재밌다는 듯 바라보며 저속한 대화를 나누었다. 그때 인안나는 집에서 아무것도 모른 채 끙끙거리고 있었다.

이런 일도 있었다. 신랑 두무지가 젊은 여종과 몸을 섞었다. 신부에게 들켰고, 여신은 분노했다. 인안나는 죄인의 머리칼을 움켜잡고 성벽 한 귀퉁이로 냅다 던졌다. 그래도 성이 차지 않았다. 여신은 사람들에게 지팡이로 때려죽이고, 북과 옹기로 쳐 죽이고, 단도와 장검으로 찔러 죽이라 명령했다. 여신은 눈물을 흘리며 슬픔에 잠겨 있었다. 여종을 꾀어낸 남편 때문에 잠을 이룰 수가 없었다. 갓 결혼한 신부는 자신만을 위해서 살겠노라며 다짐하고 다짐하던 양치기 때문에 한숨을 짓고 있었다. 그때 인안나는 마음속 깊이 무언가를 새기고 있었으리라.

인안나는 저승에서 돌아왔다. 여신은 자기 대신 닌슈부르도 샤라와 루랄도 저승사자들에게 넘겨줄 수 없었다. 그 대상은 두무지뿐이었다. 자신이 죽었어도 전혀 슬퍼하지 않고 지상에서 향락에 빠져 있던 남편이었다. 참을 수 없는 일이었다. 그렇지만 마음에 멍이 진 인안나의 복수는 처음부터 뜻대로 쉽게 되지는 않았다. 두무지는 우투의 도움으로 저승사자들의 손아귀에서 빠져나왔다. 그는 도마뱀으로 변해 잽싸게 초원과 산지대를 미끄러지듯 빠져 나갔다. 그는 누나 게쉬틴안나의 집으로 피신했다. 누나는 동생을 보았다. 비통했다. 여신은 자신의 뺨을 할퀴고, 코를 긁어대고, 입고 있던 옷을 쥐어뜯었다. 누나는 운이 없는 젊은이의 불행에 통곡했다.

"아, 내 동생! 아, 내 동생! 아직 날이 다 차지도 않은 젊은이. 내 동생, 양치기 아마우슘갈안나, 아직 날과 해가 다 차지도 않은 젊은이. 아, 내 동생, 아내도 없고, 자식도 없는 젊은이. 아, 내 동생, 친구도 없고, 동료도 없는 젊은이. 아, 내 동생, 어머니의 위안도 없는 젊은이!"

저승사자들이 사방팔방으로 두무지를 찾고 있었다. 작은 저승사자들이 큰 저승사자들에게 말했다.

"저승사자에게는 아비도 없고, 어미도 없죠. 형제자매도 없고, 아내와 자식도 없습니다. 하늘과 땅이 제대로 세워졌을 때부터 저승사자들은 갈대의 담처럼 인간의 옆구리에 붙어 있었죠. 저승사자들에게 인정이란 것은 전혀 없어요. 선과 악도 구별하지 않습니다. 자기 가족 없이, 단지 혼자서만 자신의 목숨을 건지고 달아난 사람을 본 적이 있나요? 우리는 그의 친구 집에 가지 않을 것이며, 그의 남자 사돈집에 가지 않을 겁니다. 대신 양치기를 잡으러 게 쉬틴안나의 집으로 갑시다."

저승사자들은 손뼉을 치며 그를 찾기 시작했다. 그들은 게쉬틴 안나의 집을 찾아냈다. 아직 두무지 누나의 통곡이 끝나기도 전이 었다.

"당신 동생이 있는 곳을 대라!"

누나는 한마디 말도 하지 않았다. 저승사자들은 여러 방법으로 집주인을 고문했다. 그래도 누나는 한마디 말도 하지 않았다. 그들 은 심지어 여신의 무릎에 타르를 쏟아붓기까지 했다. 누나는 끝내 동생 두무지가 있는 곳을 불지 않았다. 그들은 결국 게쉬틴안나의 집에서 두무지를 찾지 못했다.

작은 저승사자들이 큰 저승사자들에게 말했다.

"갑시다. 신성한 양 우리로 갑시다."

저승사자들은 그곳에서 두무지를 붙잡았다. 그들은 그를 붙잡을 때까지 사방팔방으로 돌아다녔고, 그가 보일 때까지 계속 찾아다

넜다. 악마들은 가족도 없는 젊은이에게 도끼를 휘두르고, 비수의 날을 세우고, 그의 오두막을 내려쳤다. 누나는 동생 때문에 새처럼 도시 주변을 방황하고 있었다.

"아아, 내 동생. 차라리 내게 큰 불행을 가져다줬으면. 차라리, 내게!"

마음에 못이 박힌 인안나의 복수는 두무지의 누나에게까지 화를 미치고 있었다. 그러나 아직 끝난 게 아니었다.

14

두무지, 죽다

"죽음의 기운이 기어들고 있었다.
두무지는 그것을 느꼈다"

운명의 시간이 다가오고 있었다. 두무지의 운명은 전조가 있었다. 꿈이었다. 꿈속에서 하염없이 눈물이 흘러내리고 있었다. 끝없이 터져 나오는 눈물이 가슴속에 고여 차고 있었다. 그는 들판으로 뛰쳐나갔다. 온통 눈물뿐이었다.

엔키와 두투르가 빚어낸 귀한 아들이었다. 사랑스러운 자식이었다. 두무지는 아직 젊은이였다. 그는 비통했다. 견딜 수 없었다. 서러웠다. 미칠 것만 같았다. 양치기는 지팡이를 목덜미에 매고 힘없이 걷고 있었다. 울며불며 걷고 있었다. 젊은이의 처절한 절규가 들리고 있었다. 미친 듯이 울부짖고 있었다. 양치기의 한 맺힌 울음소리가 들판에 메아리치고 있었다.

"울어라, 울어라. 아, 들판아, 서럽게 울어라. 들판아, 섧게 울어라. 연못아, 울부짖어라. 두꺼비야, 강가에서 목청 높여 울어라. 아, 개구리야, 강가에서 울부짖어라."

젊은이는 아무도 없는 들판을 방황하면서 들판에게 하소연하고 있었다.

"들판아, 내가 죽은 걸 어머니가 알지 못하면 말이다. 아, 들판아, 들판아, 그러면 말이다. 나를 낳아주신 어머니에게 이 사실을 꼭 알려다오. 내 누나처럼 너도 날 위해 눈물을 흘려다오."

옛날에 일어난 일이었다. 옛날에 한 젊은이가 누워 있었다. 옛날에 양치기가 누워 있었다. 옛날에 양치기가 누워 꿈을 꾸고 있었다. 그가 일어났다. 분명 꿈이었다.[35] 그는 전율했고, 어리둥절했다. 눈을 비벼보았다. 그는 침울해 있었다.

"데려오라, 데려오라, 내 누나를 데려오라! 나의 게쉬틴안나를 데려오라. 내 누나를 데려오라! 서판에 유능한 내 필경사를 데려오라. 내 누나를 데려오라. 노래 잘하는 내 가수를 데려오라. 내 누나를 데려오라. 똑똑한 내 여자를 데려오라. 내 누나를 데려오라. 꿈풀이에 능한 현명한 내 여자를 데려오라. 내 누나를 데려오라. 내 꿈을 누나에게 말해야겠다. 내 누나를 데려오라."

게쉬틴안나가 동생의 꿈 이야기를 듣고 있었다.

"꿈이었어, 누나, 꿈! 내 꿈속에서 등심초가 날 향해 일어나고 자라났어. 또 갈대 하나가 나한테 자기 머리를 흔들어댔어. 또 있잖아, 쌍둥이 갈대가 있었는데, 하나가 내게서 떨어져 나갔어. 또, 또 있잖아, 숲속의 아주 키 큰 나무들이 내 위로 한꺼번에 솟아올랐

---

35) 젊은 두무지의 불행은 미래를 들여다보는 거울이며 운명을 전달받는 통로라고 볼 수 있는 그의 꿈으로 예견되었다. 수메르인에게 꿈은 곧 '신의 소리'였다. 노아의 원형인 지우쑤드라가 대홍수를 알게 된 것도 꿈을 통해서였고, 길가메쉬가 죽음의 길을 깨닫게 된 것도 꿈을 통해서였다.

고, 내 정결한 화로가 물세례를 받았으며, 내 신성한 버터 제조기의 뚜껑이 제거되었고, 못에 걸려 있던 내 귀한 잔이 떨어졌으며, 내 양치는 막대가 사라졌어. 독수리가 양 우리에서 새끼 양을 잡아갔고, 매가 갈대 담 위에 있던 참새를 채갔어. 내 숫염소들이 날 위해 먼지 속에서 그들의 멋진 수염을 질질 끌고 있었고, 내 숫양들이 날 위해 그들의 굵은 다리로 땅을 긁고 있었어. 버터 제조기가 그들 옆에 쓰러져 있었고, 우유는 부어져 있지 않았으며, 잔도 눕혀져 있었어. 나, 두무지는 죽어 있었고, 양 우리는 유령이 나올 것처럼 되어버렸어."

"내 동생, 네 꿈은 좋을 게 없으니 말할 게 없다. 두무지, 네 꿈은 좋을 게 없으니 말할 게 없다. 등심초가 널 향해 일어나고 널 향해 자라는 건 말이지, 강도들이 숲속에 숨어 있다가 네게 달려든다는 거고, 혼자 서 있던 갈대가 너한테 자기 머리를 흔들어대는 건 말이지, 너를 낳아주신 어머니가 너한테 머리를 흔들어댄다는 말이고, 쌍둥이 갈대가 있었는데 하나가 너한테서 떨어져 나갔다는 건 말이지, 너와 내가 이별한다는 말이고, 숲속의 아주 키 큰 나무들이 네 위로 한꺼번에 솟아올랐다는 건 말이지, 악마들이 너를 담 안쪽에서 붙잡는다는 말이고, 네 정결한 화로가 물세례를 받았다는 건 말이지, 너의 양 우리가 침묵의 집이 될 거란 말이고, 네 신성한 버터 제조기의 뚜껑이 제거되었다는 건 말이지, 그것을 악마의 손에 빼앗길 거란 말이고, 네 귀한 잔이 걸려 있던 못에서 떨어졌다는 건 말이지, 너를 낳아주신 어머니 무릎에서 네가 떨어질 거란 말이고, 네 양치는 막대가 사라졌다는 건 말이지, 귀신들이 거기에 불을 놓거나 없애버린다는 말이고, 독수리가 양 우리에서 양을 잡아갔다는 건 말이지, 네가 악마에게 뺨을 맞거나 그자가 양 우리를 파괴한다는 말이고, 매가 갈대 담 위의 참새를 채갔다는 건 말이지, 거대한 악마들이 양 우리에서 나온다는 말이고, 버터 제조기가 쓰러져 있고, 우유는 부어져 있지 않으며, 잔도 눕혀져 있고, 너는 죽어 있었으며, 양 우리는 유령이 나올 것처럼 되어버렸다는 건 말이지, 너의 손에 수갑이 채워질 것이며 너의 팔이 결박당할 거란 말이고, 네 숫염소들이 널 위해 먼지 속에서 그들의 멋진 수염을 질질 끌고 있었다는 건 말이지, 네 머리털이 돌개바람처럼 공중에서 빙빙 돌아간다는 말이고, 네 숫양들이 널 위해 그들의 굵은 다리로 땅을 긁고 있었다는 건 말이지, 내가 손톱으로 내 뺨을 할퀴게 될 거란 말이야, 회양목으로 만든 바늘로 그러는 것처럼."

흉몽이고 악몽이었다.

죽음의 기운이 기어들고 있었다. 두무지는 그것을 느꼈다. 누나의 해몽이 끝나기가 무섭게 동생이 말을 건넸다.

"누나, 언덕으로 올라가. 누나, 언덕으로 올라가란 말이야! 누나, 언덕으로 올라갈 때 평범한 사람처럼 올라가지 말고, 머리카락을 흐트러뜨리고, 옷과 바지의 가랑이를 찢고, 누나, 그런 다음에 언덕으로 올라가! 언덕을 오를 때 잘 살펴봐. 악마들이 오고 있어. 사람을 증오하는 자들이 오고 있어. 거룻배를 타고 강으로 올라오고 있어. 손을 묶을 나무를 들고 있고, 목을 묶을 나무도 들고 있어. 한번 묶이면 아무도 풀 수 없어."

어머니 같은 게쉬틴안나가 언덕에 올라가 목을 길게 빼고 주변을 살폈다. 그의 친구 게쉬틴두두가 충고하듯 외쳤다.

"목을 묶는 큰 자들이 벌써 두무지를 쫓아오고 있어. 그들이 네 동생을 쫓고 있다고!"
"내 조언자, 내 친구, 그들이 온다고?"
"그렇다니까. 분명히 목을 묶는 자들이란 말이야!"

불똥이 너무 빨리 떨어지고 있었다. 게쉬틴안나가 다급하게 말했다.

"내 동생, 널 잡을 저승사자들이 오고 있다! 덤불 속에 머리를 숨겨! 두무지, 저승사자들이 너한테 가고 있어. 덤불 속에 머리를 숨겨!"
"내 누나, 덤불 속에 머리를 숨길 테니, 내가 있는 곳을 일러주지 마! 작은 풀 속에 머리를 숨길 테니, 내가 있는 곳을 일러주지 마!

큰 풀 속에 머리를 숨길 테니, 내가 있는 곳을 일러주지 마! 아라리의 수로에 숨을 테니, 내가 있는 곳을 절대로 일러주지 마!"

"네가 있는 곳을 내가 이실직고한다면 네 개가 날 잡아먹을 거야. 검은 개, 양 떼를 모는 개, 귀한 개, 너의 당당한 개가 나를 잡아먹을 거야."

이어 게쉬틴안나는 혼잣말을 했다.

"네가 있는 곳을 일러준다면야, 그건 네 친구가 그럴 거야. 아, 내 동생, 넌 믿을 만한 친구나 동료를 갖지 못한 것 같구나. 저승사자들이 널 찾지 못하면 네 친구가 알려줄 거야."

두무지는 친구에게도 똑같은 부탁을 했고, 그 친구도 게쉬틴안나와 똑같은 대답을 했다.

양치기 왕 두무지를 잡으러 온 자들은 꽤나 잡스러운 패거리였다. 그들은 음식을 알지 못하고, 마시는 것을 알지 못하며, 밀가루를 뿌려놓아도 먹지 않고, 물을 부어놓아도 마시지 않고, 좋은 제물을 내놓아도 손을 뻗지 않으며, 아내의 포옹을 즐기지 않고, 귀여운 자식에게 입맞춤하지 않으며, 쓴맛 나는 마늘을 씹지 않고, 물고기를 먹지 않고, 부추를 먹지 않았다.

아답의 두 사람이 왕을 쫓아왔다. 그들은 바짝 말라버린 물속의 엉겅퀴이고, 악취가 심하게 풍기는 물속의 가시덤불이었다. 손은 식탁에 있고 혀는 왕궁에 있을 만큼 철저하게 위장한 저승사자들이었다. 그때 아크샤크의 두 사람이 왕을 쫓아왔다. 그들은 목에 파리처럼 생긴 구슬 목걸이를 걸고 있었다. 그때 우루크의 두 사람이 왕을 쫓아왔다. 그들은 허리춤에 머리를 부수는 곤봉을 차고 있었다. 그때 우르의 두 사람이 왕을 쫓아왔다. 그들은 부둣가에서 말끔한 옷을 입고 있었다. 그때 니푸르의 두 사람이 왕을 쫓아왔다. 그들은 "뒤를 쫓아 달려라" 하고 외치면서 양 우리와 염소 우리로 왔다. 그들은 그곳에서 게쉬틴안나를 잡았다.

저승사자들은 두무지의 누나에게 물이 찬 강을 선물했으나, 그녀는 받지 않았다. 그들은 곡식 있는 들판을 선물했으나, 그녀는 받지 않았다. 젊은이의 누나는 그들의 유혹에 넘어가지 않았고, 동생이 숨은 곳을 불지 않았다. 작은 저승사자가 큰 저승사자에게 말했다. 그들 중에 현명하고 기운찬 큰 저승사자에게 말했다.

"아주 먼 옛날부터 동생이 숨은 곳을 고해바치는 누나가 있었겠어요? 갑시다, 그의 친구에게로 갑시다!"

저승사자들이 양치기 왕 두무지의 친구를 찾아갔다. 그들은 게쉬틴안나에게 한 것처럼 똑같은 선물을 그에게 내놓았다. 두무지의 친구는 더는 친구가 아니었다. 그는 선물을 덥석 받았다.

"내 친구 두무지는 덤불 속에 머리를 숨겼으나, 나는 그곳을 알지 못합니다."

그들이 덤불 속을 뒤졌지만 왕을 찾아내지 못했다.

"내 친구 두무지는 작은 풀 속에 머리를 숨겼으나, 나는 그곳을 알지 못합니다."

그들이 작은 풀 속을 뒤졌지만 왕을 찾아내지 못했다.

"내 친구 두무지는 아라리의 수로에 몸을 숨겼으나, 나는 그곳을 알지 못합니다."

그들이 마침내 아라리의 수로에서 두무지를 잡고야 말았다. 그러자 두무지가 울기 시작했다. 그는 겁에 질려 있었다.

"내 누나는 날 구해주었는데, 내 친구는 날 죽게 만드는구나. 누나가 자식을 거리에 내놓으면 사람들이 그 애에게 입을 맞출 것이고, 친구가 자식을 거리에 내놓으면 사람들이 그 애에게 입을 맞추지 않을 것이다."

저승사자들은 두무지를 에워쌌고, 아라리의 수로에서 물을 빼냈다. 그들은 젊은이를 끈으로 칭칭 감았다. 갈대로 엮은 굵은 밧줄로 결박했으며 그물로 옴짝달싹 못 하게 했고, 막대기로 그의 몸을 괴롭혔다. 양치기 앞에 있던 저승사자가 집어 던질 수 있는 것이라면 모조리 마구잡이로 그에게 집어 던졌고, 양치기 뒤에 있던 저승사자는 팔을 뻗어 그를 붙잡고 있었다. 그의 손에 수갑이 채워졌고, 그의 양팔은 포박되었다.

젊은이는 우투를 향해 하늘로 손을 들어 올렸다.

"우투여, 당신은 나의 처남이고, 나는 당신의 매제입니다! 내가 바로 에안나로 음식을 가져간 자이고, 내가 바로 우루크로 결혼 선물을 가져간 자이며, 내가 바로 신성한 입술에 입맞춤을 한 자이고, 내가 바로 고귀한 인안나의 무릎에서 춤을 춘 자입니다. 그러니 제발 나의 손과 발을 영양의 손과 발로 바꾸어주십시오. 그러면 내가 저승사자들에게서 빠져나갈 수 있겠습니다. 쿠비레쉬 딜다레쉬로 달아나 목숨을 보전하겠습니다."

우투는 두무지의 눈물 어린 하소연을 선물처럼 받아들였고, 자애로운 존자처럼 인정을 베풀었다. 태양의 신이 젊은이의 손과 발을 영양의 손과 발로 바꾸어주자, 그는 저승사자들에게서 빠져나갔고, 쿠비레쉬딜다레쉬로 달아나 목숨을 보전했다. 저승사자들이 그를 백방으로 찾아다녔으나 허사였다.

"가자, 쿠비레쉬딜다레쉬로 가자."

여기에 나오는 네 명의 신은 모두 두무지다. 가장 왼편은 그가 양 우리에서 저승사자들에게 붙잡히는 장면이다. 그는 왕관을 쓰고 화려하게 옷을 차려입었지만, 불행하게도 그의 손과 발은 단단하게 묶여 있다. 그 옆의 두무지는 저승 입구에서 왕관과 윗도리가 벗겨져 있는 모습이고, 세 번째 두무지는 저승에서 완전히 나체가 된 모습이며, 가장 오른쪽의 두무지는 저승에 온 지 6개월이 지난 뒤에 부활하여 땅 위에 새로운 생명을 주는 존재로 바뀌어 있는 모습이다.

그들은 쿠비레쉬딜다레쉬에서 두무지를 붙잡았다. 그는 다시 묶였다. 젊은이에게는 우투의 도움이 더 필요했다.

"우투여, 다시 나의 손과 발을 영양의 손과 발로 바꾸어주십시오. 그러면 내가 베릴리 노파의 집으로 달아나 목숨을 보전하겠습니다."

우투는 다시 받아들였고, 젊은이는 영양으로 돌변하여 저승사자들에게서 빠져나갔다. 그는 베릴리 노파 집으로 달아났다. 도망자가 그 집 가까이 가 있었다.

"할머니! 저는 그저 그런 사람이 아니에요. 여신의 남편이에요! 물 좀 부어주세요. 제발, 물을 마실 수 있도록 말이에요. 밀가루를 뿌려주세요. 제발, 밀가루를 먹을 수 있도록 말이에요."

노파는 물을 부어놓고, 밀가루를 뿌려놓았다. 저승사자들이 들어오지 못하도록 한 조치였다. 두무지가 그 집 안에 숨었다. 노파는 집을 나갔다. 그때 저승사자들이 먼발치에서 이를 지켜보고 있었다.

"노파가 두무지의 행방을 알지 못한다면 놀라 자빠질 것이다. 기절초풍해서 비명을 질러댈 것이다. 자, 베릴리 노파의 집으로 가자."

그들은 베릴리 노파의 집으로 가서 두무지를 붙잡았다. 그는 또다시 묶였다. 우투의 도움이 더욱더 간절했다.

"제발, 다시 한번 저의 손과 발을 영양의 손과 발로 바꾸어주십시오. 그러면 제가 신성한 제 누나의 양 우리로 달아나 목숨을 보전하겠습니다."

우투는 또다시 받아들였고, 젊은이는 영양으로 변신하여 저승사자들에게서 빠져나갔다. 그는 누나의 양 우리로 달아났다. 도망자가 그곳 가까이 가 있었다. 게쉬틴안나가 하늘을 향해 외치고, 땅을 향해 외치고 있었다. 그녀의 절규는 지평선을 옷으로 완전히 덮는 듯했고, 천을 펼치듯 퍼지고 있었다. 누나는 동생을 위해 자신의 눈을 할퀴고, 코를 할퀴고, 사람들 앞에서 귀를 할퀴고, 사람들이 보지 않는 곳에서 엉덩이를 할퀴었다.

"내 동생, 나는 거리로 나가 돌아다닐 것이다."

저승사자들이 서로 보며 말했다.

"게쉬틴안나가 두무지의 행방을 알지 못한다면 놀라 자빠질 것이다. 기절초풍해서 비명을 질러댈 것이다. 자, 양 우리와 염소 우리로 가자."

31

인안나의 죽음이나 두무지의 죽음이나 예수의 죽음처럼 신의 죽음은 처절하다. 이 유물에 등장하는 다섯 모두 신이지만 양쪽에 있는 두 신은 죽이는 자이며, 가운데 세 신은 죽을 자다. 죽이는 자의 어깨에서는 불이 활활 타오르고, 두려움에 두 손을 내민 신의 목에 칼이 걸리자, 그의 목은 뒤로 꺾여 있다. 중앙의 신은 뒤를 돌아보며 초초한 기색이 역력하고, 그 뒤의 신은 살기 어린 신의 손에 잡혀 있다.

첫 번째 저승사자가 우리로 들어서서 나사못에 불을 붙였고, 두 번째 저승사자가 우리로 들어서서 양치기의 막대기에 불을 붙였고, 세 번째 저승사자가 우리로 들어서서 신성한 버터 제조기의 뚜껑을 제거했고, 네 번째 저승사자가 우리로 들어서서 화로에 물 세례를 했고, 다섯 번째 저승사자가 우리에 들어서서 나무못에 걸린 잔을 떼어냈고, 여섯 번째 저승사자가 우리에 들어섰을 때 버터 제조기는 그들 옆에 쓰러져 있고 우유가 부어 있지 않았으며, 일곱 번째 저승사자가 우리로 들어섰을 때 우유를 마시는 잔도 그들 옆에 눕혀져 있었다. 그리고 두무지는 죽어 있었다. 그의 양 우리도 유령의 집이 되어버렸다.

31

결국, 두무지는, 죽었다![36]

---

36) 히브리족의 창세기 〈베레쉬트〉의 저자는 먼 옛날부터 내려오던 두무지의 운명을 알고 있었다고 여겨진다. 야훼는 농부 카인이 바치는 농산물을 받지 않았고, 그의 동생이며 목자인 아벨이 바치는 가축을 제물로 받아들였다. 이로 인해 농부는 양치기를 죽였고, 야훼의 저주를 받은 농부는 떠돌이 신세가 되고 말았다. 수메르의 농부 엔킴두와 양치기 두무지의 대결은 결국 두무지의 죽음으로 끝이 났다. 수메르의 신화적 전승은 히브리족에 의해 이런 식으로 변형되어 오늘날에 이르고 있다.

인안나, 두무지의 운명을 정하다

"인안나여,
당신을 찬미함은 즐겁습니다"

─────────────── 인안나도 두무지를 찾고 있었다. 거룩한 여신은 남편 때문에 비통하게 울고 있었다. 여신은 거친 들판의 풀 같은 자신의 머리카락을 잡아 뜯고 있었다.

"남편의 품에 안겨 누워 있는 여자들아, 내 소중한 남편은 어디에 있느냐? 내 남자는 어디에 있느냐? 내 남자는 어디에 있느냔 말이다! 내 남자는 어디에 있느냐?"

이때 파리 한 마리가 인안나에게 말했다.

"제가 당신께 당신의 남자가 어디에 있는지를 알려주면 어떤 보상을 해주시겠습니까?"
"만일 그렇게만 해준다면, 너는 술집에서 마시며 지혜로운 자의 자식들처럼 거기에서 살 것이다."

파리는 인안나를 도와주었다. 두무지의 누나 게쉬틴안나도 저승 사자들 손으로 넘어갔다. 급기야 인안나는 두무지의 운명을 정하기에 이르렀다.

"아, 슬프도다! 이제 당신이 반년 동안 저승에 있을 것이고, 당신 누나가 나머지 반년 동안 저승에 있을 것이다. 당신이 불리면 바로 그날부터 당신이 저승에 붙들려 있을 것이며, 당신의 누나가 불리면 바로 그날로 당신은 저승에서 풀려날 것이다."

이리하여 인안나는 자기 대신 남편 두무지를 저승에 넘겨주었
32 다.

인안나의 저승 여행기는 이렇게 끝을 맺고 있다.

거룩한 에레쉬키갈이여!
당신을 찬미함은 즐겁습니다.

이것으로 인안나의 저승 여행은 끝이 났고, 그의 사랑도 끝났다.
그리고 진정한 승리자는 인안나였다. 그는 하늘의 여왕이었고, '큰
땅' 저승에서 살아 돌아온 여신이었다. 그것은 수메르 만신전에서
전례 없던 위업이었다. 죽음에서 사흘 만에 부활한 인안나는 가장
33 위대한 신이 되었다. 아울러 그녀는 이승과 저승의 운명을 결정
하는 거룩한 신이 되었다. 그래서 두무지는 비록 저승으로 붙잡혀
가지만, 인안나가 정해준 그의 운명으로 반년 동안 죽었다가 다시
부활하여 이승에서 나머지 반년을 보내는 삶을 거듭하게 되는 것
이다.

역사상 최초로 대제국을 건설한 사르곤의 딸이며, 제국의 공주
이며, 우르와 우루크의 대사제이며, 시인이었던 엔헤두안나[37]는

32

두무지의 죽음을 슬퍼하는 애가가 기록된 점토판. 수메르의 신년 축제인 아키티에 참가한
사람들은 인안나와 두무지가 만나는 장면이 연출될 적에는 사랑의 찬가를, 둘이 헤어지
는 장면에서는 두무지의 애가를 불렀다. 그런데 먼 훗날 히브리족의 여인들도 '담무즈 신
의 죽음'을 애도했다. 히브리족의 《구약성서》〈에제키엘서〉 8장 14절에 "나를 야훼의 성전
북향 정문 문간으로 데리고 가셨다. 거기에서는 여인들이 앉아서 담무즈 신의 죽음을 곡
하고 있었다"라는 구절이 있다. 여기의 '나'는 약 2,600년 전 활동한 고대 이스라엘의 예언
자이자 제사장이었던 에제키엘이고, '담무즈'는 '탐무즈(두무지의 셈어 이름)', 곧 두무지다.
인안나와 두무지에 관한 종교적·신화적 전승은 3,000여 년간 메소포타미아 전역과 지중
해 문명권에서 거의 동일하게 이루어졌다.

33

세상에서 가장 위대한 운명 결정권자가 된 인안나 앞으로 그의 시종이 왕을 안내하고 있다.

노래했다.

인안나가 없다면 위대한 '안'도 결정을 내릴 수 없고, 엔릴도 운명을 결정할 수 없습니다.
젊은 여인, 인안나여, 당신을 찬미함은 즐겁습니다!

---

37) 엔헤두안나는 메소포타미아의 공주로 사제이자 시인이었다. 그녀는 옛 수메르 도시 우르에서 인안나의 아버지이자 달의 신 난나를 모시는 대여사제로 임명되어 난나의 부인 닌갈의 대역을 맡았다. 우루크에서도 인안나의 역할을 대리하는 중요한 자리를 차지했으며, 자신의 수호신 인안나를 수메르 만신전의 큰 신들보다 더 높은 위치로 끌어올리려 애썼다. 그녀는 정치적·사회적·종교적으로 요구되는 다양한 역할을 수행했을 뿐 아니라 가장 지성적이며 가장 창조적인 문학가였다.

이름이 확인된 역사상 최초의 시인이자 편집자인 엔헤두안나는 인안나를 '셀 수 없을 정도로 많은 신성한 힘을 가진 여제'로 찬미하는 154행의 시와 인안나가 신 중에서도 제일이라고 치켜세우는 274행의 시를 지었다. 그 밖의 작품으로 수메르 시절부터 내려오는 신과 신전 들을 소개하고 찬양하는 545행의 신전시와 〈인안나와 에비흐〉라는 184행의 시, 우르의 난나 신전 대사제권과 관련된 찬미가 외에도 제목이 알려지지 않은 시가 더 있다. 2,700여 년 전 그리스의 시인 사포가 아프로디테를 노래했다면, 엔헤두안나는 그보다 1,700여 년이나 앞서 인안나를 노래한 것이다.

부록

설형문자로 읽는 인안나의 저승 여행기

이미지 출처

참고문헌

1

'수메르'와 '수메르어'

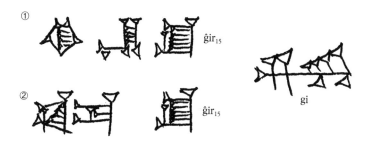

'수메르'는 악카드어의 '슈메루(šumerû)'를 근래에 와서 옮긴 단어이며, 원래 수메르어로는
①의 '키엔기(ki-en-ĝir₁₅)'라고 한다. '키엔기'는 '고귀한 주님의 땅'이라는 뜻으로, 대개 '키
(ki)'는 '땅'이요, '엔(en)'은 '통치자·주님·대사제'이며, '기(ĝir₁₅)'는 '고귀한, 문명화된' 정도
로 풀이한다. '수메르어' 역시 원래는 ②의 '에메기(eme-ĝir₁₅)'라고 하는데, 풀이하면 '고귀
한 말, 고귀한 언어'가 된다. ①과 ②의 쐐기꼴 마지막의 'ĝir₁₅'는 원래 'gi'에서 변형되었다.

2

같은 쐐기꼴, 두 가지 음, 세 가지 뜻

5,200년 전

4,900년 전

4,400년 전

4,200년 전

3,900년 전

3,700년 전

2,700년 전

2,600년 전

하늘(안/an), 하느님(안/An), 신(神, 딩기dingir, diĝir)을 의미하는 설형문자의 쐐기꼴이 시대별로 변하는 모습이다. '안(하늘)'과 '안(하느님)', 그리고 '딩기(신)'는 설형문자 모양은 모두 같고 뜻은 모두 다르며, 소리는 둘은 같고 하나는 다르다.

이들 수메르어가 후대에 악카드어로 '안(an)'은 '샤무(šamû)'로, '안(An)'은 '아누(Anu)'로, '딩기'는 '일루(ilu)'(여신은 '일투iltu')로 바뀌었다.

3

위첨자, 신들의 이름 표기

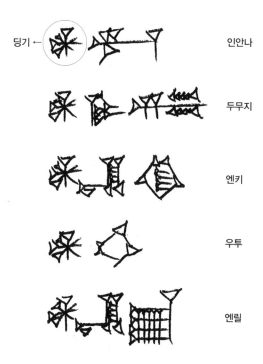

딩기 ←   인안나

두무지

엔키

우투

엔릴

위부터 차례로 인안나, 두무지, 엔키, 우투, 엔릴의 설형문자다. 모두 왼편에 '신'을 의미하는 '딩기'가 붙어 있다. 음역할 때에는 ^dInanna, ^dDumuzid, ^dEnki, ^dUtu, ^dEnlil와 같이 '딩기'의 약식 기호 'd'를 위첨자로 붙인다. 수메르신에게 붙이는 독특한 표기법이다. 그런데 천제 '안'은 위첨자 'd'를 붙이지 않고 그냥 'An'이라고만 쓴다. 모르면 몰라도 '하늘에 계신 아버지'로 신들의 제일 윗자리를 차지하는 존엄한 분에게 힘들여 '신'이라는 걸 붙이는 자체가 구차한 일이었을 테다.

4

아래첨자, 같은 소리 다른 글자

①

②

③

모두 '에'라고 소리나는 설형문자다. 그러나 쐐기꼴이 모두 다르고 뜻도 다르다. ①은 '신전, 집' 등 부동산에 해당하고 ②는 '떠나다, 나가다', ③은 '가죽 조각'을 가리킨다. 이렇게 동일한 소리가 나는 문자들을 구별하기 위해 숫자를 아래첨자로 붙인다. ①은 'e_2', ②는 'e_3', ③은 그냥 'e'라고 음역한다. 수메르어를 공부하는 고통 중 하나다. 예를 하나 들면, 우루크에 있는 인안나의 신전은 '에안나(e_2-anna)'다. 여기에서는 '신전'이라는 뜻의 '에'이므로 숫자 2를 아래첨자로 붙여 'e_2'라고 표기한다.

하늘과 땅, 그리고 저승

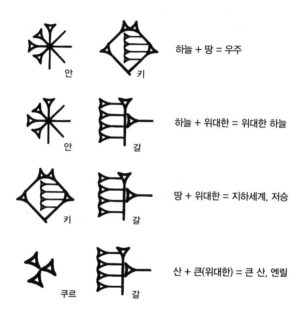

하늘 + 땅 = 우주

하늘 + 위대한 = 위대한 하늘

땅 + 위대한 = 지하세계, 저승

산 + 큰(위대한) = 큰 산, 엔릴

하늘(안an), 땅(키ki), 위대한/큰(갈gal), 산/저승(쿠르kur)으로 구성된 단어들이다. 〈인안나의 저승 여행기〉가 "인안나는 위대한 하늘에서 큰 땅으로 귀를 기울였다"로 시작하는 만큼, 이 이야기를 이해하기 위해 알아두어야 할 핵심적인 설형문자들이다.

6

'저승', 쿠르와 키갈의 차이

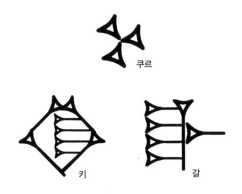

'쿠르(kur)'는 약 5,000년 전부터 1,000년 동안 2,000회 이상 점토판에 사용된 설형문자다. '저승, 하계'를 의미하는 대표적인 단어인 동시에 '땅·이방(異邦)의 땅·산(山)·동(東)'의 의미로도 활용되었다. 수메르인은 사자(死者)들의 땅 '저승'을 '산'이라고 여긴 것 같다. 수메르 동북쪽으로 가면 험준하기 짝이 없는 거대한 자그로스산맥이 가로막고 있다. '저승'은 곧 '산'이나 다름없었고 그 산은 눈이 덮여 있는 자그로스산맥을 가리키는 것이었을 테다.

한편, '키갈(ki gal)'은 필경사들이 '기초, 토대'라는 뜻으로 사용한 단어였다. '하늘의 여왕' 인안나가 저승을 정복하러 가는 매우 특수한 상황을 기록한 필경사는 '저승'의 일반적인 수메르어 '쿠르' 대신 '키갈(위대한 땅, 큰 땅)'을 집어들었다. 따라서 〈인안나의 저승 여행기〉에서는 '쿠르'를 찾아볼 수 없다.

'여왕'이라는 세 단어

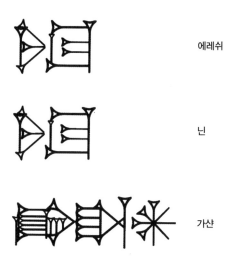

에레쉬

닌

가샨

'에레쉬(ereš)'는 '여왕·여제·숙녀·귀부인'이라는 뜻으로, 이 단어가 신명에 쓰인 예는 저 승의 여왕 '에레쉬키갈'뿐이다. 그런데 '에레쉬'의 설형문자는 '닌(nin)'과 동일한 형태를 하고 있다. '닌' 또한 '여주·여왕·부인·여신·주님'이라는 뜻이다. 그래서 '닌안나(Nin-anna)'에서 출발해 '인안나'에 이르렀다고 주장하는 학자가 많다. '안나'가 '하늘의'라는 뜻이니, '닌안나'는 '하늘의 여왕'이 된다. 수메르 후대로 가면 '닌안나'는 종종 같은 의미를 지닌 '가샨안나'라고 기록된다. 그러나 '닌'은 '가샨(ga-ša-an)'이 등장하기 전에 벌써 약 1,000년 동안이나 비교할 수 없을 정도로 많이 사용된 문자였다.

8

가장 철학적인 수메르어

게쉬툭

이성·지혜·통찰력

저승 여행자 인안나는 위대한 하늘에서 큰 땅으로 '귀(게쉬툭, ĝeštug₂)'를 기울인다. 수메르어 '게쉬툭'의 또 다른 뜻은 '지혜'이며 '통찰력'이다. '날카로운 이성'이 번득이는 수메르 신을 떠올린다면, 단연 엔키다. 그래서 그는 '넓은 귀의 주님(en ĝeštug₂ daĝal-la)'이라고도 불렸다. 이는 곧 '넓은 지혜의(ĝeštug₂ daĝal-la) 주님(en)'이라는 말이다.

9

주님, 통치자 그리고 운명

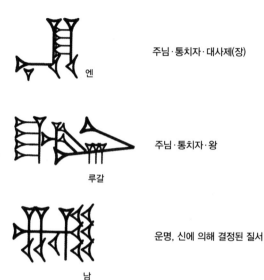

주님·통치자·대사제(장)

엔

주님·통치자·왕

루갈

운명, 신에 의해 결정된 질서

남

'엔(en)'은 '주님·통치자·대사제장'이라는 뜻의 설형문자로 엔키(^{d}Enki), 엔릴(^{d}Enlil$_2$)처럼 신명에도 자주 붙여 사용된다. 이들은 각각 '땅(ki)의 주님(en)'과 '바람(lil$_2$)의 주님(en)'으로 풀이된다. '엔'은 '통치자'보다 '사제'라는 의미로 많이 쓰였다. 그래서 왕명에 '엔'이 붙은 통치자는 곧 대사제였을 거라고 추측할 수 있다. 길가메쉬 선대왕 중 한 명인 엔메르카르(Enmerkar), 길가메쉬의 누나이자 키쉬의 왕인 엔메바라게씨(Enmebaragesi)가 그 예다.

대사제적 의미를 포함하지 않은 '통치자'는 '루갈(lugal)'이다. '루갈'은 길가메쉬의 아버지 루갈반다(Lugalbanda), 사르곤에 의해 멸망한 우루크 3왕조 왕 루갈자게씨(Lugalzagesi)처럼 왕명에 그 흔적이 남아 있다. '엔'처럼 '루갈'도 신들에게 붙어서 '압주의 왕 엔키(^{d}en-ki lugal abzu-ke$_4$)', '모든 땅의 왕 엔릴(^{d}en-lil$_2$ lugal kur-kur-rake$_4$)'처럼 쓰였다.

왕의 운명은 그들의 수호신에 의해 정해진 것이다. 이것은 '신과 인간 간의 계약'이며 그들에 의해 '결정된 질서'라는 뜻이다. '운명'에 해당하는 수메르어는 '남(nam)'이다.

10

권력의 상징

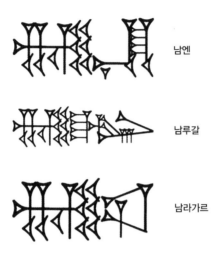

남엔

남루갈

남라가르

'엔'이나 '루갈'은 지배하는 자와 지배당하는 자가 존재하면서부터 사용하기 시작한 지상 최초의 단어들 가운데 하나였다. 그러나 지배자들을 옥좌에 앉힌 건 바로 신들이었다. 신들에 의해 결정된 질서라는 뜻의 '남'에 '엔'을 붙이면 통치권이자 대사제권, 바로 '남엔(nam-en)'이 된다. '남엔'은 통치권과 대사제권을 모두 갖는 '국가의 총지배권'이라 할 수 있다. 하지만 이런 '남엔'을 통치권이나 왕권으로 기록한 점토서판은 드문 편이다. 대신 대사제권이 포함되지 않은 통치권이나 왕권을 가리키는 '남루갈(nam-lugal)'이 가장 많이 쓰였다. '라가르(lagar)'라는 단어는 '사제'라는 뜻으로, '남라가르(nam-lagar)'는 사제권이 된다.

11

수메르의 심장, '도시'

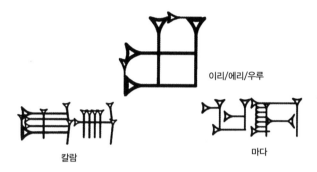

이리/에리/우루

칼람

마다

수메르어로 '도시'는 '이리(iri)' 또는 '에리(eri), 우루(uru)'라고 한다. 이 설형문자는 수메르 점토판에서 1,700여 개나 발견될 정도로 많이 쓰인 단어다. 여러 도시가 발달하여 '도시 연맹체'로 운영되던 수메르에서 도시를 빼놓는다면 수메르는 존재할 수 없는 것이다. 악카드어로는 '알루(a-lu)'라고 한다. 한편 하단 왼편의 설형문자는 '칼람(kalam)', 그리고 오른편은 '마다(ma-da)'라는 수메르어로, 둘 모두 수메르인이 그들의 신전이 있던 도시와 땅들을 전부 합쳐서 자신들의 '나라'를 가리킬 때 사용한 단어다.

수메르 후대로 가면 도시를 의미하는 다른 쐐기꼴(iri^ki, uru₂)이 나타난다. '땅'이나 '저승'을 뜻하는 '키(ki)'가 위첨자로 붙는데, '키'는 특정한 장소나 지점을 뜻하는 표의문자이면서 국가나 영토, 또는 지방의 이름에 붙는 지시기호 역할을 하기도 한다. 그래서 인안나의 도시 우루크를 음역 표기하면 'unug^ki'가 된다.

12

가장 신성한 권능과 권위의 상징

'메(me)'라는 설형문자로, 가장 신성한 권능과 권위, 삼라만상의 총체적인 질서, 지혜의 정수, 하늘과 땅의 모든 기득권을 가리키는 세상에서 가장 거룩하고 강력한 단어다. 최초의 신시 에리두에서 엔키가 '메'의 기능을 작동시키면서 인간의 삶은 원시를 벗어나 문명의 길로 접어들었다.

13

인안나의 행장

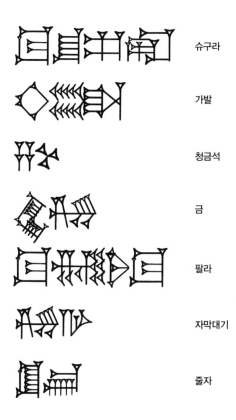

슈구라

가발

청금석

금

팔라

자막대기

줄자

위에서부터 차례대로 슈구라(^{tug2}šu-gur-ra), 성적 매력이 넘치는 가발(ḫi-li), 청금석(zagin$_3$),
금(kug-sig$_{17}$), 팔라(^{tug2}pala$_3$), 자막대기(gi-diš-nindan) 그리고 줄자(eš$_2$-gana$_2$)의 설형문자다.
슈구라와 팔라 앞에 위첨자로 붙은 '툭(tug2)'은 '입거나 걸치는 것'이라는 뜻이다.

14

양치기와 양

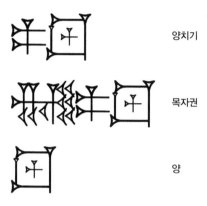

양치기

목자권

양

'양치기'의 수메르어는 '씨파(sipa)' 또는 '씨파드(sipad)'다. 흔히 '목자(牧者)'라고 부르는 양치기의 원형은 신이자 왕인 두무지다. 현재까지 해독된 점토판을 보건대, '양치기(목자)'라는 단어는 수메르 초기부터 숱하게 쓰이던 가장 오래된 단어들 가운데 하나다. 수메르 이후부터 지금까지 길고 긴 세월 동안 왔다가 사라진 '왕'이나 '수호신' 들을 수식하는 대명사이기도 했다. 〈수메르 왕명록〉을 읽어 내려가다 보면 '양치기'가 통치자나 지배자의 의미로 쓰였다는 사실을 확인할 수 있다. 왕명록의 15행에 대홍수 이전에 세워진 도시인 바드티비라의 3대 왕으로 '양치기 두무지(ᵈDumu-zid sipad)'가, 64행에 키쉬 1왕조의 13대 왕으로 '양치기 에타나(E-ta-na sipad)'가, 107행에 우루크 1왕조의 3대 왕으로 '양치기 루갈반다(ᵈLugal-ban₃-da sipad)'가 나온다. 모두 똑같이 양치기로 말인즉슨 '목자'이다. '목자의 운명' 또는 '목자권(牧者權)'으로 해석할 수 있는 '남씨파(드)(nam-sipad)'는 인안나가 엔키에게서 넘겨받은 '메' 가운데 하나였다.

'양'은 '우두(udu)'라고 한다. 수메르인의 재산목록에서 가장 큰 비중을 차지했다. 그래서였을 거다. '씨파(드)'보다 열 배 이상 점토판을 점령하면서 약 3만 개 단어가 해독되었다. 그동안 '양치기(목자)'와 양'은 '지배자와 피지배자' 또는 '신과 인간', '사랑을 주는 위대한 자와 사랑을 받는 나약한 존재'로 인식되어왔다. 유대교나 그리스도교에서 그들의 신을 '목자'로 비유한 건 실제로는 수메르의 신화적 전승에서 비롯된 것이라고 볼 수 있다.

15

맥주와 보리

맥주①

맥주②

보리

수메르는 맥주의 천국이었고, 보리가 지천으로 널려 있었다. 수메르인들이 마신 술은 '카쉬'다. 맥주①(kaš)과 맥주②(kaš₂)의 발음은 '카쉬'로 같다. 처음에는 두 단어가 거의 동시에 쓰였으나, 점점 맥주②가 압도적으로 많이 활용되었고, 약 500년이 지나서는 오히려 맥주①만 쓰이게 되었다. 맥주의 원료인 보리는 '쉐(še)'라고 한다. 이 단어는 앞에서 말한 '양(우두, udu)'만큼이나 점토판을 가득 차지했는데, 약 3만 개 정도 확인되었다. 현재까지 점토판에서 확인된 '맥주'라는 단어는 1만 5,000개가량이니, '맥주'와 관련된 단어와 앞으로 판독될 점토판의 단어까지 생각하면 더욱 많을 것이다.

설형문자로 읽는 인안나의 저승 여행기

16

아들과 딸, 그리고 두무지

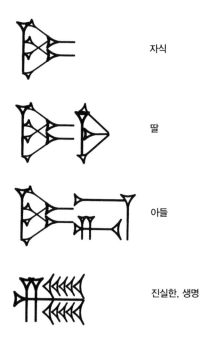

자식

딸

아들

진실한, 생명

'두무(dumu)'는 '자식·아들·딸'을 가리킨다. 자식을 더 확실하게 구별하면, 딸은 '두무무누스(dumu-munus)', 아들은 '두무니타(dumunita)'가 된다. 두무지는 '두무(dumu)'와 '지(zid)'라는 두 설형문자로 구성되어 있다. 여기서 '지'는 '진실한'이라는 뜻이다. 그래서 두무지는 엔키의 '진실한 아들'이 된다. 또 다른 수메르어 'zi'는 '생명'이라는 뜻으로, 'zid'와 쐐기꼴이 똑같다. 엔키는 위대한 생명 창조의 신이었으니 설형문자만으로도 엔키와 두무지가 부자지간임을 유추해낼 수 있다. 엔키의 아들 두무지는 그 이름과 같이 매년 죽었다가 살아나면서 부활의 꽃을 피우는 운명을 갖게 되었다.

아버지와 어머니

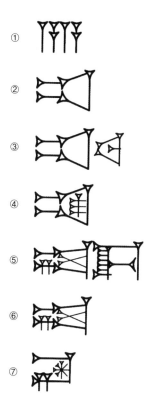

'아버지'를 의미하는 다양한 설형문자(①~⑥)와 '어머니'의 설형문자(⑦)다. ①은 '아아(a-a)'로 가장 빈도수가 높은 단어로, 인안나가 엔키에게 사용한 말이다. ②는 '아브(ab), 압바(abba)', ③은 '압바(ab-ba)', ④는 '압바(abba₂)', ⑤는 '안다(ad-da)', ⑥은 '아드(ad)'다. 악카드어로 넘어가면 이들은 모두 '아부(abu)'가 된다. ⑦은 수메르인이 사용하던 '어머니'로, '아마(ama)'다. 악카드어로는 '움무(ummu)'라고 한다.

18

시종신, '숙칼'

수메르 신화에 등장하는 큰 신들 옆에는 항상 시종신이 있다. 그들은 주군의 명령에 철저하게 복종하며 충실히 임무를 완수하려 한다. 따라서 신들이 전쟁에 나설 때 실제로 치열하게 싸우거나 혁혁한 공을 세우는 이는 바로 시종신들인 것이다. 인안나가 '메'를 갖고 달아난 후 엔키와 벌인 '메의 쟁탈전'을 보면, 두 신보다 인안나의 시종 닌슈부르와 엔키의 시종 이시무드가 더 치열하게 대립한다.

설형문자 '숙칼(sukkal)'은 시종이나 시종신을 뜻하는데, 이외에도 국가의 문관이나 공무원에 해당하는 사람들을 지칭하기도 한다. 그들은 신의 시종인 동시에 백성의 시종인 것이다. 악카드어로는 '숙칼루(sukkallu)'라고 하여 비슷한 음을 낸다.

19

수메르의 필경사

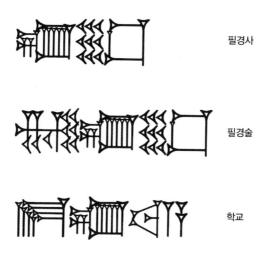

필경사

필경술

학교

인류 최초의 필경사는 수메르인이며, 필경사의 수메르어는 '둡사르(dub-sar)'이다. 이들에 의해 역사가 시작되었다고 해도 과언이 아니며, 수메르가 유구하고 찬란하게 황금빛으로 채색된 신화와 역사와 문명을 안고 오늘날 재차 등장할 수 있었다. '둡(dub)'은 '서판'이라는 말이고 '사르(sar)'는 '쓰다, 받아 적다'라는 뜻이다. 필경사 '둡사르'에 운명을 뜻하는 '남'을 붙이면, 필경사의 운명을 결정하는 기술인 '남둡사르(nam-dub-sar)', 곧 필경술이 된다. 필경술은 엔키가 인안나에게 넘겨준 '메'의 긴 목록에도 들어 있다. 엔키가 인간에게 내린 지혜이며 은총인 것이다.

필경사들을 양성하고 교육하기 위한 기관인 학교는 '에둡바(e₂-dub-ba-a, e₂-dub-ba)'로 음역된다. 악카드어로 필경사는 '툽샤루(tupšarru)', 필경술은 '툽샤루투(tupšarrûtu)'라 한다.

설형문자로 읽는 인안나의 저승 여행기

20

엔키의 신물, 불

엔키가 인간에게 준 최대의 선물은 '불', 말하자면 수메르어의 '이지(izi)'다. 엔키는 미개인에게 불 사용법을 알려주었고, 그 순간부터 인간은 문명의 길을 걷기 시작했다. 생명·창조·정화, 이 모든 것이 불로부터 시작되었고, 엔키의 사랑으로부터 출발했다.

물길의 나라

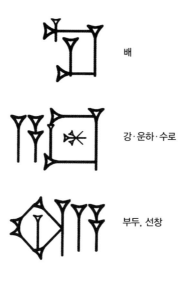

배

강·운하·수로

부두, 선창

수메르는 가히 '물길의 나라'였다. 신이나 인간 모두 '배(마, ma₂)'를 타고 '강이나 운하, 수로(이드, id₂)'를 따라 돌아다녔다. 수메르인은 물과 점토, 갈대 등을 제외하면 천연자원이 거의 없는 황무지인 수메르 땅에서 생존을 위해 물길을 개척했고, 촘촘히 이어진 운하와 수로를 통해 외부세계와 교역하는 방법을 터득했다. 그래서 그들의 '부두, 선창(카르, kar)'은 언제나 분주했고, 그들의 도시들은 강가에 늘어서 있었다.

22

수메르인의 성(性)

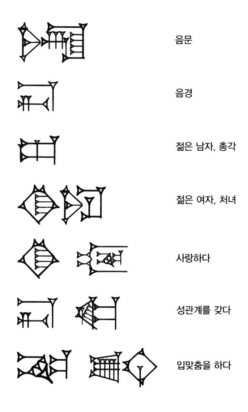

	음문
	음경
	젊은 남자, 총각
	젊은 여자, 처녀
	사랑하다
	성관계를 갖다
	입맞춤을 하다

수메르인의 성적인 표현은 자유롭고 직설적이다. 신도 그렇고 인간도 그렇다. 신화의 주인 공인 신들은 인간처럼 적나라하게 애정행각을 벌인다. 그래서 여성의 '음문(갈라, gal₄-la)' 과 남성의 '음경(기쉬, ĝiš₃/ĝeš₃)'이 점토판에 자주 등장하는 것은 특별난 일이 아니다. 거기에는 사랑에 미숙하고 아직은 완전하지 않은 젊은 남자인 '총각(구루쉬, ĝuruš)'과 젊은 여자인 '처녀(키시킬, ki-sikil)'가 있다. 그들은 사랑하고(키 악, ki aĝ₂), 성관계를 갖고(게쉬 둑, ĝeš₃ dug₄), 입맞춤을 한다(네 수웁, ne su-ub).

23

저승의 입구와 저승

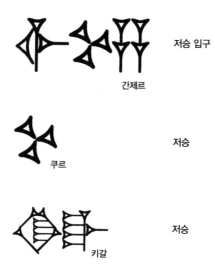

저승 입구

간제르

저승

쿠르

저승

키갈

인안나가 저승으로 내려갔을 때, 제일 먼저 도착한 곳은 '저승 입구'인 '간제르(ganzer)'다. 이 설형문자는 수십만 점에 이르는 점토판에서 두세 차례만 확인되는 희귀한 단어다. 바로 〈인안나의 저승 여행기〉에서다. 그만큼 '하늘의 여왕' 인안나의 사활을 건 대모험이 갖는 의미는 의미심장하다. 그래서 이 기록물의 필경사는 '저승'을 가리키는 일반적인 문자 '쿠르(kur)'를 포기하고 '위대한/큰 땅'이라는 뜻의 또 다른 희귀한 단어 '키갈(ki gal)'을 사용했다. 저승은 악카드어로 '에르쩨투(eršetu)', '이르칼라(irkala)', '카니수루(kanisurru)' 등에 해당된다.

대변화의 숫자, '7'

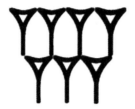

수메르 신화에서 가장 중요한 역할을 하는 숫자는 단연 '일곱(이민, imin)'이다. 신이나 인간 모두에게 닥치는 어려운 국면을 전환하는 '가장 신성한 숫자'이며 '대변화의 숫자'다. 수메르 신화를 보면, 매번 중요한 대목에서 '일곱'이라는 숫자가 어떤 특수한 기능을 담당하고 있다. 일곱 마리 사자가 끄는 하늘의 전차를 타고 다니던 인안나가 이승을 떠났을 때, 처음으로 버린 도시의 신전도 일곱이었으며, 또다시 버린 신전도 일곱, 한데 모은 신령스러운 힘(메)도 일곱이었다. 또 인안나가 에레쉬키갈의 옥좌에 후딱 앉았을 때 그녀에게 저주를 내린 재판관도 일곱 신이다. 두무지를 잡으러 온 저승사자들 가운데 일곱이 그의 버터 제조기에서 우유를 쏟아버렸고, 또 다른 일곱은 병든 자처럼 머리를 흔들면서 그를 저승으로 잡아갔다. 어디 그뿐이랴. 인간이 없던 시절, 큰 신들은 작은 신들에게 작업량의 일곱 배나 되는 노역을 시켰고, 엔키는 작은 신들 대신 노역할 원시 노동자로 남자 일곱과 여자 일곱을 만들었다. 당연하게도 수메르 만신전의 큰 신들도 역시 일곱이다.

25

눈과 얼굴, 코와 입

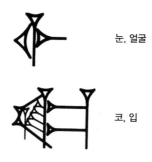

눈, 얼굴

코, 입

수메르어 '이기(igi)'는 '눈'이라는 뜻이지만, '얼굴'을 의미하기도 하여 '눈'과 '얼굴'을 동일시한다. 하나의 문자가 같은 쐐기꼴을 갖고 있고 같은 음을 내지만, 뜻은 다르다. 그래도 망자 앞에서 애고곡을 하는 특수한 상황에서는 동일한 상징적 의미를 내포하고 있다. 한편 '코(kiri₃)'와 '입(ka)'의 설형문자는 동일한 쐐기꼴을 갖고 있다. 그러나 음과 뜻이 다르다. 그렇지만 사랑하던 이를 보내는 수메르인의 관습으로 보면, '코'와 '입'은 '눈'과 '얼굴'처럼 동일한 상징적 의미를 갖는 것이다.

26

생명

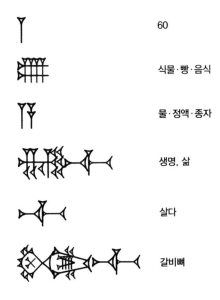

	60
	식물·빵·음식
	물·정액·종자
	생명, 삶
	살다
	갈비뼈

엔키가 죽은 인안나를 되살리기 위해 저승으로 보낸 '신령스러운 의식을 수행하는 자들'은 인안나의 송장 위로 생명초와 생명수를 '60(게쉬, geš₂)'번씩 뿌린다. 수메르어 '우(u₂)'는 '식물'이자 '빵'이며 '음식'이다. 또한 '아(a)'는 '물'이자 '정액'이며 '종자'다. 이 두 단어에 '생명, 삶'이라는 뜻의 '남틸(nam-til₃)'이 합쳐지면, 엔키의 '생명초(u₂ nam-til₃-la)'가 되고 '생명수(a nam-til₃-la)'가 된다.

'살다'라는 뜻의 수메르어는 '틸(til₃)'이며 '티(ti)'로 음역하기도 한다. '티'의 음을 갖는 수메르어 중에는 '갈비뼈'라는 단어가 있다. 더 정확하게는 '티(ᵘᶻᵘti)'로, 맨 아래에 있는 설형문자다. 이 문자의 오른편에는 '틸(살다)'과 같은 쐐기꼴이 있다. 그리고 왼편의 다소 복잡하게 구성된 문자가 'uzuti'의 위첨자로 붙는 '우즈(uzu)', 말인즉 '육체'다. 육체의 삶을 지탱해주는 갈비뼈는 에덴동산에서 그것으로 인간을 만들었다는 신의 장난이 아니라, 위대한 인간의 창조주 엔키가 죽은 자를 살려내는 생명초와 생명수의 상징물일 뿐이다.

저승사자

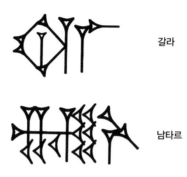

갈라

남타르

설형문자 '갈라(galla, gal, -la₂)'는 '저승사자'로 '경찰관·악령·마귀' 등의 뜻도 갖고 있다. '남타르(nam-tar)'는 '질병·숙명·악마'라는 의미로 여기에 '신(dingir)'이 붙으면 저승사자의 최고위급인 운명의 신 '남타르(ᵈNamtar)'가 된다. '남'은 앞에서 말한 바와 같이 '운명'이고, '타르'는 '잘라내다, 풀다, 흩어버리다, 결정하다'라는 의미이다. 그러니까 '남타르'는 운명이 최종적으로 결정되는 것을 말하며, 피할 수 없는 운명, 말인즉슨 숙명이 되는 것이다.

28
결혼

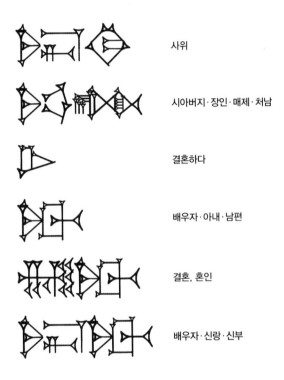

사위

시아버지 · 장인 · 매제 · 처남

결혼하다

배우자 · 아내 · 남편

결혼, 혼인

배우자 · 신랑 · 신부

인안나와 결혼한 두무지는 달의 신 난나의 사위, 즉 '쑤엔의 사위'가 된다. '사위'에 해당하는 수메르어는 '무싸(mussa)'다. 수메르는 최소한 결혼과 관련된 단어들로만 본다면 남녀가 평등했다. '무룸(murum₅)'은 '처남'과 '매제'를 일컬으며, '시아버지'와 '장인'에게도 쓰던 말이다. '투쿠(tuku)'는 '결혼하다'를, '담(dam)'은 '배우자·아내·남편'을, 그리고 '남담(nam-dam)'은 '결혼, 혼인', '기들람(g̃idlam)'은 '배우자·신랑·신부'를 뜻한다. 신부와 신랑이 된 인안나와 두무지는 '생명의 집, 삶의 집'을 뜻하는 '에남틸라(e₂ nam-til₃)'에서 신접살림을 차린다.

오빠와 누나

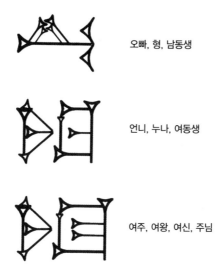

오빠, 형, 남동생

언니, 누나, 여동생

여주, 여왕, 여신, 주님

인안나의 오빠는 우투이며, 두무지의 누나는 게쉬틴안나다. 수메르어 '쎄쉬(šeš)'는 '오빠'와 '남동생'에게 모두 쓰는 단어이고, '닌(nin₉)'은 '누나'와 '여동생'에게 동시에 쓰는 단어다. 그런데 '닌(nin₉)'은 '여주·여왕·여신·주님'으로 쓰던 '닌(nin)'과 음이 같다. 하지만 쐐기꼴과 뜻 모두 다르다. 이를 구별하기 위해 전자에는 아래첨자 '9'가 붙어 있다. 이들 수메르 문자가 악카드어로 가면, '닌(nin)'은 '벨투(bēltu, 부인)'와 '벨루(bēlu, 주님)'로, '닌(nin₉)'은 '아하투(aḫātu, 여동생/누나)'로 음가가 달라진다.

포도주의 여신, 게쉬틴안나

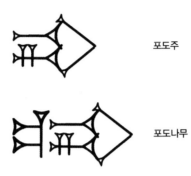

포도주

포도나무

포도주의 여신인 게쉬틴안나는 동생 두무지의 때 이른 죽음을 안타까워한다. 여신은 어머니 같은 품성으로 두무지를 아끼지만 동생의 운명은 이미 정해져 있는 듯 보인다. '게쉬틴(geštin)'은 '포도주'이며, '포도나무'다. 그래서 혹자는 그녀를 '하늘의 포도나무'라고도 한다. '포도나무'는 위첨자로 'ĝeš'가 붙은 '게쉬틴(ĝešgeštin)'이다. 위첨자 '게쉬(ĝeš)'는 나무를 뜻한다.

친구

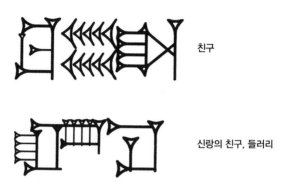

친구

신랑의 친구, 들러리

두무지의 친구였으나 저승사자들의 선물에 넘어가 두무지가 있는 곳을 고자질한 친구가 있었다. '친구'에 해당하는 단어는 수메르어 '구리(gu_5-li)'다. 반면 한때는 인안나를 사이에 두고 싸움을 벌인 두무지의 맞상대였지만 친구의 결혼식에 들러리로 참석한 농부 엔킴두 같은 친구도 있다. '신랑의 친구, 들러리'는 '닌기르시(niĝir-si)'라고 한다.

죽음과 꿈

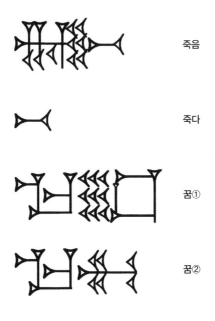

죽음

죽다

꿈①

꿈②

설형문자 '남우쉬(nam-uš₂)'는 '죽음'이다. '죽다(우쉬, uš₂)'와 '운명(남, nam)'이 만났으니 그건 이미 정해진 숙명인 것이다. 신에게든 인간에게든 '꿈(마무, ma-mu₂)'은 미래를 예견하는 하나의 척도였던 듯싶다. 애초에 이 단어는 꿈②(마무, ma-mu)가 먼저 쓰이다가 꿈①(마무, ma-mu₂)이 더 많이 활용되었다.

33

최초의 편집자, 에헨두안나

사람

점토판

이빨

묶다, 엮다

엔헤두안나는 수메르 시절부터 내려오는 신과 신전을 찬양하는 545행의 신전시를 지었다. 그 시의 543행에 스스로 '점토판의 편집자는 엔헤두안나(lu₂ dub zu₂ keše₂-da en-he₂-du₂-an-na)'라고 적었다. 이것을 설형문자로 분석해보니 네 개의 쐐기꼴이 나타났다. '루(lu₂)'는 '사람', '~을 한 사람'이라는 뜻이며, '둡(dub)'은 '점토판'을, '주(zu₂)'는 '이빨'을, '케쉐(keše₂)'는 '묶다, 엮다'를 의미한다. 이들을 모두 합쳐보니 재미있게도 '점토판의 이빨을 묶는 사람'이 되었다. 말인즉 '점토판의 편집자'란 뜻이다.

부활의 축제, 아키티

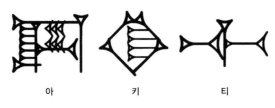

아   키   티

땅이 살아나는 시간

약 6,000년 전부터 '신성한 결합'을 기리는 혼례의식이 있었고, 수메르 도시에서는 그 의식이 신년 축제 때 국가적인 행사로 거행되었다. 이 '신년 축제'는 수메르어로 '아키티(a₂-ki-ti)'라고 하고 악카드어로는 '아키투(akitu)'라고 하는데, 이 종교의식은 약 2,500여 년 전 이란 남부에서 발흥한 페르시아의 키루스 2세가 바빌론에 무혈로 입성하여 신바빌로니아가 멸망할 때까지 무려 3,500년 동안 메소포타미아에서 행해졌다.

아키티의 설형문자를 보자. 이들 중 둘은 이미 앞에서 설명한 것들이다. 오른쪽의 설형문자는 '살다'라는 뜻의 '틸(til₃)'이며 '티(ti)'로 음역하기도 한다고 했고, 가운데 '키(ki)'는 '땅'이라 설명했다. 마지막 한 글자, 왼쪽의 '아(a₂)'는 '시간, 때'를 가리킨다. 이 세 의미를 합쳐보면 '땅이 살아나는 시간'이 된다. 새해가 시작되는, 겨울을 이겨내고 새로운 생명의 싹이 트기 시작하는, 바로 그 '죽었던 생명이 되살아나는 때', 즉 부활의 서막이 올라가는 바로 그때, 사람들은 너무도 기쁜 나머지 축제를 여는 것이다.

1   2204, Yale Babylonian Collection (of cuneiform tablets). 재구성 김산해.

2   Kramer, Samuel Noah, "The Weeping Goddess: Sumerian Prototypes of the Mater Dolorosa," *The Biblical Archaeologist*, 46(2), 1983, p.78.

3   9685, Museum siglum of the Archaeological Museum, Istanbul(Nippur).

4   Buchanan, Briggs, *Early Near Eastern Seals in the Yale Babylon Collection*, New Haven & London: Yale University Press, 1981, p.175.

5   "The Surena Collection of Ancient Near Eastern Cylinder Seals," *Christie's Auction Catalogue*, New York: Christie's, 2001, p.30.

6   Kramer, Samuel Noah, *Sumerian Mythology*, Philadelphia: The American Philosophical Society, 1944, p.65.

7   Fagan, Brian, "Searching for Eden," *Time Detectives: How Scientists Use Modern Technology to Unravel the Secrets of the Past*, New York: Touchstone Books, 1995, p.160.

8   Keel, Othmar, *The Symbolism of the Biblical World: Ancient Near Eastern Iconography and the Book of Psalms*, New York: The Seabury Press, 1978, p.48.

9   Wolkenstein, Diane, and Kramer, Samuel Noah, *Inanna, Queen of Heaven and Earth: Her Stories and Hymns From Sumer*, New York: Harper & Row,

1983, p.13.

10 Bienkowski, Piotr, and Millard, Alan, *Dictionary of the Ancient Near East*, Philadelphia: University of Pennsylvania Press, 2000, p.98.

11 ADFU(Ausgrabungen der deutschen Forschungsgemeinschaft in Uruk Warka, Berlin) 1, Plate 17.

12 Gray, John, *Near Eastern Mythology*, London: Hamlyn House Ltd., 1969, p.19.

13 *The National Geographic Magazine*, January, 1951, p.55.

14 Banks, Edgar James, *Bismya or The Lost City of Adab*, New York and London: The Knickerbocker Press, 1912, p.139.

15 Black, Jeremy, Green, Anthony, and Rickards, Tessa, *Gods, Demons, and Symbols of Ancient Mesopotamia*, Austin: University of Texas Press, 1992, p.135.

16 Black, Jeremy, Green, Anthony, and Rickards, Tessa, *Gods, Demons, and Symbols of Ancient Mesopotamia*, Austin: University of Texas Press, 1992, p.136.

17 Kramer, Samuel Noah, "The Weeping Goddess: Sumerian Prototypes of the Mater Dolorosa," *The Biblical Archaeologist*, 46(2), 1983, p.75.

18 Wolkstein, Diane, and Kramer, Samuel Noah, *Inanna, Queen of Heaven and Earth: Her Stories and Hymns from Sumer*, New York: Harper & Row, 1983, p.57.

19 Langdon, Stephen Herbert, *The Mythology of All Races: Semitic*, Vol. 5, Boston: Archaeological Institute of America, 1931, p.29.

20 9685, Museum siglum of the Archaeological Museum, Istanbul(Nippur).

21 Pollock, Susan, *Ancient Mesopotamia: The Eden That Never Was*, Cambridge,

United Kingdom & New York: Cambridge University Press, 1999, p.97.

22 Werr, Lamia al-Gailani, "Sippar Workshop: The Water God," *Studies in the Chronology and Regional Style of Old Babylonian Cylinder Seals*, Bibliotheca Mesopotamiaca, Vol 23, Malibu, California: Udena Publications, 1988, p.206.

23 4621 Tablet siglum, Yale Babylonian Collection.

24 Mackenzie, Donald A., *Myths of Babylonia and Assyria*, London: The Gresham Publishing Company, 1915, p.248.

25 Wolkstein, Diane, and Kramer, Samuel Noah, *Inanna, Queen of Heaven and Earth: Her Stories and Hymns from Sumer*, New York: Harper & Row, 1983, p.85.

26 Wolkstein, Diane, and Kramer, Samuel Noah, *Inanna, Queen of Heaven and Earth: Her Stories and Hymns from Sumer*, New York: Harper & Row, 1983, p.40.

27 Kramer, Samuel Noah, "The Weeping Goddess: Sumerian Prototypes of the Mater Dolorosa," *The Biblical Archaeologist*, 46(2), 1983, p.74.

28 Black, Jeremy, Green, Anthony and Rickards, Tessa, *Gods, Demons, and Symbols of Ancient Mesopotamia*, Austin: University of Texas Press, 1992, p.157.

29 100046, Museum siglum of the British Museum, London.

30 McCall, Henrietta, *Mesopotamia Myths*, The Legendary Past Series, Austin: University of Texas Press, 1990, p.71.

31 Keel, Othmar, *The Symbolism of the Biblical World: Ancient Near Eastern Iconography and the Books of Psalms*, New York: The Seabury Press, 1978, p.54.

32 Kramer, Samuel Noah, "The Weeping Goddess: Sumerian Prototypes of the Mater Dolorosa," *The Biblical Archaeologist*, 46(2), 1983, p.77.

33 Wolkstein, Diane, and Kramer, Samuel Noah, *Inanna, Queen of Heaven and Earth: Her Stories and Hymns from Sumer*, New York: Harper & Row, 1983, p.102.

설형문자 1~34   김산해 제공

참고문헌

(알파벳순, 단행본·학술지·논문 포함)

국내서

· 김산해, 《신화는 수메르에서 시작되었다》, 가람기획, 2003.

· 김산해, 《최초의 신화 길가메쉬 서사시》, 휴머니스트, 2005.

· 《공동번역성서》, 대한성서공회, 2003.

국외서

· Absher, Tom, *Men and the Goddess: Feminine Archetypes in Western Literature*, New York: Park Street Press, 1990.

· Afanas'eva, Veronika K., "Das sumerische Sargon-Epos: Versuch einer Interpretation," *Altorientalische Forschungen*, 14(2), 1987.

· Al-Fouadi, Abdul-Hadi A., "Enki's Journey to Nippur: The Journeys of the Gods," PhD diss., University of Pennsylvania, 1969.

· Alster, Bendt, *Dumuzi's Dream: Aspects of Oral Poetry in a Sumerian Myth*, Copenhagen: Akademisk Forlag, 1972.

· ―――. *Proverbs of Ancient Sumer: The World's Earliest Proverb Collections*, Potomac: Capital Decisions Ltd, 1997.

· ―――. *The Instructions of Suruppak*, Copenhagen: Akademisk Forlag, 1974.

· ———. "A New Source for *Dumuzi's Dream*," *Revue d'Assyriologie et d'Archéologie Orientale*, 69(2), 1975.

· ———. "A Note on the Uriah Letter in the Sumerian Sargon Legend," *Zeitschrift für Assyriologie*, 77, 1987.

· ———. "Contributions to the Study of Sumerian Texts in the Iraq Museum, Baghdad: 1. Collations to In-nin-šà-gur4-ra: TIM IX 20-26," *NABU*, 100, 1990.

· ———. "Early Dynastic Proverbs and Other Contributions to the Study of Literary Texts from Abu Salabih," *Archiv für Orientforschung*, 38/39, 1991/1992.

· ———. "Geshtinanna as Singer and the Chorus of Uruk and Zabalam: UET 6/1 22," *Jorunal of Cuneiform Studies*, 37(2), 1985.

· ———. "Inanna Repenting: The Conclusion of Inanna's Descent," *Acta Sumerologica*, 18, 1996.

· ———. "Marriage and Love in the Sumerian Love Songs," In *The Tablet and the Scroll: Near Eastern Studies in Honor of William W. Hallo*, edited by Mark E. Cohen et al, 15-27, Bethesda: CDL Press, 1993.

· ———. "Notes brèves," *Revue d'Assyriologie et d'Archéologie Orientale*, 76(1), 1982.

· ———. "On the Interpretation of the Sumerian Myth 'Inanna and Enki'," *Zeitschrift für Assyriologie*, 64, 1974.

· ———. "The Mythology of Mourning," *Acta Sumerologica*, 5, 1983.

· Attinger, Pascal, "Enki et Ninhursaga," *Zeitschrift für Assyriologie*, 74, 1984.

· Bauer, Josef, "Review of Alster 1972," *Zeitschrift der Deutschen Morgenländischen Gesellschaft*, 127(1), 1977.

· Behrens, Hermann, *Enlil und Ninlil: ein sumerischer Mythos aus Nippur*,

Rome: Biblical Institute Press, 1978.

· Benito, Carlos Alfredo, "'Enki and Ninmah' and 'Enki and the World Order,'" PhD diss., University of Pennsylvania, 1969.

· Bienkowski, Piotr, and Millard, Allan, *Dictionary of the Ancient Near East*, Philadelphia: University of Pennsylvania Press, 2000.

· Black, Jeremy, and Green, Anthony, *Gods, Demons and Symbols of Ancient Mesopotamia*, London: British Museum Press, 1992.

· Borger, Rykle, Hinz, Walther and Römer, Willem Hendrik Philibert, *Historisch-chronologische Texte I: Texte aus der Umwelt des Alten Testaments, Bd 1, Lieferung 4*, Gütersloh: Gütersloher Verlagshaus Gerd Mohn, 1984.

· Bottéro, Jean, *Mesopotamia: Writing, Reasoning and the Gods*, Chicago: The University of Chicago Press, 1992.

· ———. and Kramer, Samuel Noah, *Lorsque les dieux faisaient l'homme*, Paris: Gallimard, 1989.

· ———. Herrenschmidt, Clarisse, and Vernant, Jean-Pierre, *Ancestor of the West: Writing, Reasoning, and Religion in Mesopotamia, Elam, and Greece*, Chicago: The University of Chicago Press, 2000.

· Brome, Vincent, *Jung: Man and Myth*, London: Granada, 1980.

· Campbell, Joseph, and Musès, Charles, *In All Her Names: Exploration of the Feminine in Divinity*, San Francisco: HarperSanFrancisco, 1991.

· Caplice, Richard, "Review of Alster 1972," *Orientalia*, 42, 1973.

· Cassuto, Umberto, *A Commentary on the Book of Exodus*, Jerusalem: Hebrew University Magnes Press, 1967.

· ———. *A Commentary on the Book of Genesis: From Adam to Noah*, Jerusalem: Hebrew University Magnes Press, 1961.

· ———. *The Documentary Hypothesis and the Composition of the Pentateuch*,

Jerusalem: Magnes Press, 1961.

· Cavigneaux, Antoine, and Al-Rawi, F. N. H., "Gilgamesh et Taureau de Ciel," *Revue d'Assyriologie et d'Archéologie Orientale*, 87(2), 1993.

· Çiğ, Muazzez, Kizilyay, Hatice and Kramer, Samuel Noah, *Sümer Edebî Tablet ve Parçalari*, 2, 1976.

· Civil, Miguel, "Enlil and Ninlil: The Marriage of Sud," *Journal of the American Oriental Society*, 103(1), 1983.

· Cohen, Mark E., *The Canonical Lamentations of Ancient Mesopotamia*, Potomac: Capital Decisions Ltd, 1988.

· Cohen, Sol, "Enmerkar and the Lord of Aratta," PhD diss., University of Pennsylvania, 1973.

· Cooper, Jerrold S., *Symbolism: The Universal Language*, Wellingborough: Aquarian Press, 1982.

· ———. "Studies in Mesopotamian Lapidary Inscriptions, I," *Journal of Cuneiform Studies*, 32(2), 1980.

· ———. and Heimpel, Wolfgang, "The Sumerian Sargon Legend," *Journal of the American Oriental Society*, 103(1), 1983.

· Dalley, Stephanie, *Myths from Mesopotamia: Creation, the Flood, Gilgamesh, and Others*, New York: Oxford University Press, 1991.

· Damerow, Peter, "The Origins of Writing as a Problem of Historical Epistemology," *The Symposium, University of Pennsylvania, Center for Ancient Studies*, March 26-27, 1999.

· Dennett, Daniel C., *Darwin's Dangerous Idea: Evolution and the Meanings of Life*, London: Penguin Books, 1995.

· Di Vito, Robert A., *Studies in Third Millennium Sumerian and Akkadian Personal Names: The Designation and Conception of the Personal God*, Rome:

Gregorian & Biblical Press, 1993.

· Downing, Christine, *The Goddess: Mythological Images of the Feminine*, New York: Crossroad Publishing, 1981.

· Durand, Jean-Marie, "Review of *Recherches au Pays d'Aštata, Emar VI, Textes sumériens et accadiens, vol. 1, 2 et 3*," *Revue d'Assyriologie et d'Archéologie Orientale*, 84(1), 1990.

· Evslin, Bernard, *Gods, Demigods and Demons: An Encyclopedia of Greek Mythology*, New York: Scholastic, 1975.

· Fagan, Brian M., *Time Detectives: How Scientists Use Modern Technology to Unravel the Secrets of the Past*, New York: Touchstone, 1995.

· Falkenstein, Adam, *Sumerische Götterlieder I*, Heidelberg: Universitatsverlag Winter, 1959.

· ———. "Tammuz," *Rencontre Assyriologique Internationale*, 3, 1954.

· ———. and von Soden, Wolfram, *Sumerische und akkadische Hymnen und Gebete*, Zürich: Artemis-Verlag, 1953.

· Farber-Flügge, Gertrud, *Der Mythos 'Inanna und Enki' unter besonderer Berücksichtigung der Liste der me*, Rome: Biblical Institute Press, 1973.

· ———. "'Inanna and Enki' in Geneva: a Sumerian Myth Revisited," *Journal of Near Eastern Studies*, 54(4), 1995.

· ———. "Review of Alster 1972," *Die Welt des Orients*, 7(2), 1974.

· ———. "Sumerian Canonical Compositions. A. Divine Focus. 1. Myths: Inanna and Enki (1.161)," In *The Context of Scripture, Volume 1: Canonical Compositions from the Biblical World*, edited by William W. Hallo, and K. Lawson Younger, Leiden: Brill, 1997.

· Finkelstein, Israel, and Silberman, Neil Asher, *The Bible Unearthed: Archaeology's New Vision of Ancient Israel and the Origin of Its Sacred Texts*,

참고문헌

New York: The Free Press, 2001.

· Freke, Timothy, and Gandy, Peter, *The Jesus mysteries: Was the 'original Jesus' a Pagan God?*, New York: Thorsons, 1999.

· Frymer-Kensky, Tikva, *In the Wake of the Goddesses: Women, Culture and the Biblical Transformation of Pagan Myth*, New York: The Free Press, 1992.

· Geller, Margaret J., "Review of Behrens 1978," *Archiv für Orientforschung*, 2, 1980.

· George, Andrew R., *House Most High: The Temples of Ancient Mesopotamia*, Winona Lake: Eisenbrauns, 1993.

· ———. *The Epic of Gilgamesh: The Babylonian Epic Poem and Other Texts in Akkadian and Sumerian*, Harmondsworth, Middlesex: Allen Lane, 1999.

· Glassner, Jean-Jacques, "Inanna et les me," In *Nippur at the Centennial: Papers Read at the 35e Rencontre Assyriologique Internationale, Philadelphia, 1988*, edited by Maria deJong Ellis, Philadelphia: University of Pennsylvania Museum of Archaeology and Anthropology, 1993.

· Green, Margaret Whitney, "Eridu in Sumerian Literature," PhD diss., University of Chicago, 1975.

· ———. "Review of Behrens 1978," *Bibliotheca Orientalis*, 39, 1982.

· Hallo, William W., "Beginning and End of the Sumerian King List in the Nippur Recension," *Journal of Cuneiform Studies*, 17(2), 1963.

· ———. "Sumerian Canonical Compositions. A. Divine Focus. 1. Myths: The Exaltation of Inanna (1.160)," In *The Context of Scripture, Volume 1: Canonical Compositions from the Biblical World*, edited by William W. Hallo, and K. Lawson Younger, Leiden: Brill, 1997.

· Harris, Rivkah, "Inanna-Ishtar as Paradox and a Coincidence of Opposites," *History of Religions*, 30(3), 1991.

· Hawkes, Jacquetta, *The First Great Civilizations: Life in Mesopotamia, the Indus Valley and Egypt*, Harmondsworth, Middlesex: Penguin Books, 1973.

· Heidel, Alexander, *The Babylonian Genesis*, Chicago: The University of Chicago Press, 1951.

· Heimerdinger, Jane W., *Sumerian literary fragments from Nippur*, Philadelphia: The University Museum, 1979.

· Hess, Richard S., "The Genealogies of Genesis 1-11 and Comparative Literature," *Biblica*, 70(2), 1989.

· Husain, Shahkrukh, *The Goddess*, London: Duncan Baird Publishers, 1997.

· Izre'el, S., *The Amarna Scholarly Tablets: Cuneiform Monographs, Volume 9*, Leiden: Brill, 1997.

· Jacobsen, Thorkild, *The Harps that Once: Sumerian Poetry in Translation*, London: Yale University Press, 1987.

· ———. *The Sumerian King List*, Chicago: The University of Chicago Press, 1939.

· ———. *Toward an Image of Tammuz*, Leiden: Brill, 1970.

· ———. *Toward the Image of Tammuz and Other Essays on Mesopotamian History and Culture*, Edited by William L. Moran, Cambridge, Massachusetts: Harvard University Press, 1970.

· ———. *Treasures of Darkness: History of Mesopotamian Religion*, London: Yale University Press, 1976.

· ———. "Death in Mesopotamia." In *Death in Mesopotamia: Papers Read at the XXVIe Rencontre assyriologique internationale*, edited by Bendt Alster, 19-24, Copenhagen: Akademisk Forlag, 1980.

· ———. "Sumerian Canonical Compositions. B. Royal Focus. 1. Epic: Enmerkar and the Lord of Aratta (1.170)," In *The Context of Scripture,*

참고문헌

Volume 1: Canonical Compositions from the Biblical World, edited by William W. Hallo, and K. Lawson Younger, Leiden: Brill, 1997.

· ———. "The Eridu Genesis," *Journal of Biblical Literature*, 100(4), 1981.

· ———. "Toward the Image of Tammuz," *History of Religions*, 1(2), 1962.

· Jensen, M. S., "Review of Alster 1972," *Museum Tusculanum*, 20, 1973.

· Keel, Othmar, *The Symbolism of the Biblical World: Ancient Near Eastern Iconography and the Book of Psalms*, New York: Seabury Press, 1978.

· Kikawada, Isaac M., and Quinn, Arthur., *Before Abraham was: The Unity of Genesis 1-11*, Nashville: Abingdon Press, 1985.

· Kilmer, A.D., In *Women Poets of the World*, edited by Joanna Bankier, Deirdre Lashgari, and Doris Earnshaw, New York: Macmillan, 1983.

· Kinnier-Wilson, James. V., *The Legend of Etana*, Warminster: Aris & Phillips, 1985.

· Klein, Jacob, *Three Shulgi Hymns: Sumerian Royal Hymns Glorifying King Shulgi of Ur*, Ramat-Gan: Bar-Ilan University Press, 1981.

· ———. "Sumerian Canonical Compositions. A. Divine Focus. 1. Myths: Enki and Ninmah (1.159)," In *The Context of Scripture, Volume 1: Canonical Compositions from the Biblical World*, edited by William W. Hallo, and K. Lawson Younger, Leiden: Brill, 1997.

· Koefoed, Aase, "Gilgames, Enkidu and the Nether World," *Acta Sumerologica*, 5, 1983.

· Kramer, Samuel Noah, *History Begins at Sumer: Thirty-Nine Firsts in Recorded History*, Philadelphia: University of Pennsylvania Press, 1981.

· ———. *Lamentation Over the Destruction of Ur*, Chicago: The University of Chicago Press, 1940.

· ———. *Sumerian Mythology*, Philadelphia: The American Philosophical

Society, 1944.

. *The Sacred Marriage Rite: Aspects of Faith, Myth, and Ritual in Ancient Sumer*, Bloomington: Indiana University Press, 1969.

. *The Sumerians: Their History, Culture and Character*, Chicago: The University of Chicago Press, 1963.

. "'Inanna's Descent to the Nether World' Continued and Revised, Second Part: Revised Edition of 'Inanna's Descent to the Nether World,'" *Journal of Cuneiform Studies*, 5(1), 1951.

. "'Inanna's Descent to the Nether World' Continued and Revised," *Journal of Cuneiform Studies*, 4(4), 1950.

. "Cuneiform Studies and the History of Literature: The Sumerian Sacred Marriage Texts," *Proceedings of the American Philosophical Society*, 107(6), 1963.

. "Gilgamesh and Akka," *American Journal of Archaeology*, 53, 1949.

. "Sumerian literature and the British Museum: the Promise of the Future," *Proceedings of the American Philosophical Society*, 124(4), 1980.

. "The Death of Gilgamesh," *Bulletin of the American Schools of Oriental Research*, no. 94, 1944.

. "The Jolly Brother: A Sumerian Dumuzi Tale," *Journal of Near Eastern Studies*, 32, 1973.

. "The Sumerian Deluge Myth: Reviewed and Revised," *Anatolian Studies*, 33, 1983.

. "The Weeping Goddess: Sumerian Prototypes of the Mater Dolorosa," *The Biblical Archaeologist*, 46(2), 1983.

. and Maier, John, *Myths of Enki, the Crafty God*, Oxford: Oxford University Press, 1989.

· Krecher, J., "Review of Alster 1972," *Orientalistische Literaturzeitung*, 73, 1978.

· Kuntz, John Kenneth, *The People of Ancient Israel: an Introduction to Old Testament Literature, History, and Thought*, New York. Harper & Row, 1974.

· Laessoe, Jørgen, "The Atrahasis Epic, A Babylonian History of Mankind," *Biblioteca Orientalis* 13, 1956.

· Lambert, Wilfred George, and Millard, Alan Ralph, *Atra-Hasis: the Babylonian Story of the Flood*, Oxford: Clarendon Press, 1969.

· ——. "A New Look at the Babylonian Background of Genesis," *The Journal of Theological Studies*, New Series 16(2), 1965.

· Langdon, Stephen Herbert, *The Mythology of All Races: Semitic, Volume 5*, Boston: Archaeological Institute of America, 1931.

· Leakey, Richard, *The Origin of Humankind*, London: Weidenfeld & Nicolson, 1994.

· Mackenzie, Donald Alexander, *Myths of Babylonia and Assyria*, London: The Gresham Publishing Company, 1915.

· Malamat, Abraham, "Kingship and Council in Israel and Sumer," *Journal of Near Eastern Studies*, 22(4), 1963.

· McCall, Henrietta, *Mesopotamia Myths*, Austin: University of Texas Press, 1990.

· McLean, Adam, *The Triple Goddess: An Exploration of the Archetypal Feminine*, Grand Rapids: Phanes Press, 1989.

· Michalowski, Piotr, "Literature as a Source of Lexical Inspiration: Some Notes on a Hymn to the Goddess Inana," In *Written on Clay and Stone: Ancient Near Eastern Studies Presented to Krystyna Szarzyńska on the occasion of her 80th birthday*, edited by Jan Braun et al, 65-74, Warsaw: Agade Publishing, 1998.

· Mithen, Steven, *The Prehistory of the Mind: A Search for Origins of Art,*

Religion and Science, London: Phoenix, 1998.

· Müller, Werner, and Vogel, Gunther, *Atlas de arquitectura. 1. Generalidades. De Mesopotamia a Bizancio*, Madrid: Alianza Editorial, 1984.

· Oppenheim, Adolf Leo, *Ancient Mesopotamia: Portrait of a Dead Civilization*, Chicago: The University of Chicago Press, 1997.

· Penglase, Charles, *Greek Myths and Mesopotamia: Parallels and Influence in the Homeric Hymns and Hesiod*, New York: Routledge, 1994.

· Pettinato, Giovanni, *Das altorientalische Menschenbild und die sumerischen und akkadischen Schöpfungsmythen*, Heidelberg: Universitatsverlag Winter, 1971.

· Pollock, Susan, *Ancient Mesopotamia: The Eden That Never Was*, Cambridge, England: Cambridge University Press, 1999.

· Pritchard, James B., *Ancient Near Eastern Texts Relating to the Old Testament with Supplement*, Princeton: Princeton University Press, 1969.

· Radau, Hugo, *Sumerian Hymns and Prayers to God Dumu-Zi or Babylonian Lenten Songs from the Temple Library of Nippur*, München: Rudolf Merkel, 1913.

· Reisman, Daniel David, *Two Neo-Sumerian Royal Hymns*, Philadelphia: University of Pennsylvania Press, 1970.

· Roaf, Michael, *The Cultural Atlas of Mesopotamia and the Ancient Near East*, New York: Facts on File, 1990.

· Röllig, Wolfgang, "Review of Behrens 1978," *Zeitschrift der Deutschen Morgenländischen Gesellschaft*, 131(2), 1981.

· Römer, Willem Hendrik Philibert, *Das sumerische Kurzepos "Bilgameš und Akka,"* Neukirchen-Vluyn: Neukirchener Verlag, 1980.

· ———. "Hymnen, Klagelieder und Gebete in sumerischer Sprache," In *Lieder und Gebete I: Texte aus der Umwelt des Alten Testaments, Bd 2, Lieferung 5*, edited by Willem Hendrik Philibert Römer, Karl Hecker et al, 645-717, Gütersloh: Gütersloher Verlagshaus Gerd Mohn, 1989.

· ———. "Mythen und Epen in sumerischer Sprache," In *Mythen und Epen I: Texte aus der Umwelt des Alten Testaments, Bd 3, Lieferung 3*, edited by Dietz Otto Edzard, Willem Hendrik Philibert Römer et al, 351-559, Gütersloh: Gütersloher Verlagshaus Gerd Mohn, 1993.

· ———. "Review of Jacobsen 1987," *Bibliotheca Orientalis*, 47, 1990.

· Rosengarten, Yvonne, *Trois Aspects de la Pensée Religieuse Sumérienne*, Paris: Editions De Boccard, 1971.

· Roux, Georges, *Ancient Iraq*, Harmondsworth, Middlesex: Penguin Books, 1992.

· Saggs, Henry william Frederick, *Babylonians*, Berkeley: University of California Press, 2000.

· ———. *The Encounter with the Divine in Mesopotamia and Israel*, London: Athlone Press, 1978.

· Sarna, Nahum Mattathias, *The JPS Torah Commentary: Genesis*, Philadelphia: Jewish Publication Society, 1989.

· Sauren, Herbert, "Nammu and Enki," In *The Tablet and the Scroll: Near Eastern Studies in Honor of William W. Hallo*, edited by Mark E. Cohen et al, 198-208, Bethesda: CDL Press, 1993.

· ———. "Review of Alster 1972," *Bibliotheca Orientalis*, 6, 1975.

· Sefati, Yitschak, *Love songs in Sumerian literature: critical edition of the Dumuzi-Inanna songs*, Ramat-Gan: Bar-Ilan University Press, 1998.

· ———. "Sumerian Canonical Compositions. A. Divine Focus. 6. Love Poems: Dumuzi-Inanna Songs," In *The Context of Scripture, Volume 1: Canonical*

Compositions from the Biblical World, edited by William W. Hallo, and K. Lawson Younger, Leiden: Brill, 1997.

· Shaffer, Aaron, "Sumerian Sources of the Tablet XII of the Epic of Gilgamesh," PhD diss., University of Pennsylvania, 1963.

· Sjöberg, Åke W., *The Sumerian Dictionary of the University Museum of the University of Pennsylvania*, Philadelphia: The University Museum, 1984.

· ———. "in-nin šà-gur4-ra: A Hymn to the Goddess Inanna by the en-Priestess Enḫeduanna," *Zeitschrift für Assyriologie* 65, 1975.

· ———. "Nungal in the Ekur," *Archiv für Orientforschung*, 24, 1973.

· ———. Gragg, Gene B., and Bergmann, Eugen., *The Collection of the Sumerian Temple Hymns*, New York: JJ Augustin Publisher, 1969.

· Sladek, William R., *Inanna's Descent to the netherworld*, PhD diss., Johns Hopkins University, 1974.

· Snell, Daniel C., *Life in the Ancient Near East*, London: Yale University Press, 1997.

· *The Holy Bible: King James Version, 1611 Edition*, Peaboddy: Hendrickson Publishers, 2003.

· Thomsen, Marie-Louise, *The Sumerian Language: An Introduction to Its History and Grammatical Structure*, Copenhagen: Akademisk Forlag, 1984.

· Tournay, Raymond-jacques, and Shaffer, Aaron, "L'épopée de Gilgamesh," *Revue des sciences religieuses*, 69(4), 1995.

· Van Dijk, J. J. A., *Inanna raubt den 'grossen Himmel': Ein mythos*, Groningen: Styx, 1998.

· ———. *La Sagesse suméro-accadienne: recherches sur les genres litteraires des textes sapientiaux*, Leiden: Brill, 1953.

· ———. *Texts in the Iraq Museum: 9 Cuneiform Texts, Tests of Varying Content*,

Leiden: Brill, 1976.

⸱ ———. "VAT 8382: ein zweisprachiges Königsritual," In *Heidelberger Studien zum Alten Orient*, edited by Adam Falkenstein, and Dietz Otto Edzard, Wiesbaden: Otto Harrassowitz, 1967.

⸱ Vanstiphout, Herman L. J., "The Mesopotamian Debate Poems," *Acta Sumerologica*, 12, 1990.

⸱ Vincente, Claudine-Adrienne, "The Tall Leilān Recension of the Sumerian King List," *Zeitschrift für Assyriologie*, 85, 1995.

⸱ Waetzoldt, H., "Review of Farber 1973," *Bibliotheca Orientalis*, 32, 1975.

⸱ Watson, W. G. E., "Review of Alster 1972," *Scripture Bulletin*, 84, 1975.

⸱ Werr, Lamia Al-Gailani, "Studies in the Chronology and Regional Style of Old Babylonian Cylinder Seals," In *Bibliotheca Mesopotamica 23*, edited by Giorgio Buccellati, Malibu: Undena Publications, 1988.

⸱ Wilcke, Claus, "Kollationen zu den sumerischen literarischen Texten aus Nippur in der Hilprecht-Sammlung Jena," *Abhandlungen der Sächsischen Akademie der Wissenschaften zu Leipzig*, 65(4), 1976.

⸱ ———. "Politische Opposition nach sumerischen Quellen: der Konflikt zwischen Königtum und Ratsversammlung. Literaturwerke als politische Tendenzschriften," In *La Voix de l'opposition en Mesopotamie: colloque organisé par l'Institut des Hautes Etudes de Belgique, 19 et 20 mars 1973*, edited by André Finet, 37-65, Bruxelles: L'Institut, 1973.

⸱ Wilson, Robert R., *Genealogy and History in the Biblical World*, London: Yale University Press, 1977.

⸱ ———. "The Old Testament Genealogies in Resent Research," *Journal of Biblical Literature*, 94(2), 1975.

⸱ Witzel, Maurus, "Die Klage über Ur," *Orientalia*, 14, 1945.

· Wolkstein, Diane, and Kramer, Samuel Noah, *Inanna, Queen of Heaven and Earth: Her Stories and Hymns from Sumer*, New York: Harper & Row, 1983.

· Woolley, Charles Leonard, *The Sumerians*, New York: W. W. Norton & Company, 1965.

· Zgoll, Annette, *Der Rechstfall der En-hedu-Ana im Lied nin-me-šara*, Münster: Ugarit-Verlag, 1997.

최초의 여신 인안나

1판 1쇄 발행일 2007년 12월 25일
2판 1쇄 발행일 2022년 4월 25일

지은이 김산해

발행인 김학원
발행처 (주)휴머니스트출판그룹
출판등록 제313-2007-000007호(2007년 1월 5일)
주소 (03991) 서울시 마포구 동교로23길 76(연남동)
전화 02-335-4422 **팩스** 02-334-3427
저자·독자 서비스 humanist@humanistbooks.com
홈페이지 www.humanistbooks.com
유튜브 youtube.com/user/humanistma **포스트** post.naver.com/hmcv
페이스북 facebook.com/hmcv2001 **인스타그램** @humanist_insta

편집주간 황서현 **편집** 최인영 하빛 박나영 **디자인** 김태형
조판 홍영사 **용지** 화인페이퍼 **인쇄** 삼조인쇄 **제본** 광현제책사

ⓒ 김산해, 2022

ISBN 979-11-6080-830-8 03910